marketing interna- cional

O selo DIALÓGICA da Editora InterSaberes faz referência às publicações que privilegiam uma linguagem na qual o autor dialoga com o leitor por meio de recursos textuais e visuais, o que torna o conteúdo muito mais dinâmico. São livros que criam um ambiente de interação com o leitor – seu universo cultural, social e de elaboração de conhecimentos –, possibilitando um real processo de interlocução para que a comunicação se efetive.

marketing interna- cional

Ana Flávia Pigozzo

EDITORA intersaberes

Rua Clara Vendramin, 58 . Mossunguê
CEP 81200-170 . Curitiba . PR . Brasil
Fone: (41) 2106-4170
www.intersaberes.com
editora@editoraintersaberes.com.br

Conselho editorial Dr. Ivo José Both (presidente); Dr³. Elena Godoy; Dr. Nelson Luís Dias; Dr. Neri dos Santos; Dr. Ulf Gregor Baranow

Editora-chefe Lindsay Azambuja

Supervisora editorial Ariadne Nunes Wenger

Analista editorial Ariel Martins

Preparador de originais Gabriel Plácido Teixeira da Silva

Capa – design Denis Kaio Tanaami; Stefany Conduta Wrublevski

Capa – fotografia Fotolia

Projeto gráfico Bruno Palma e Silva

Diagramação Stefany Conduta Wrublevski

Iconografia Sandra Sebastião

Dados Internacionais de Catalogação na Publicação (CIP)
(Câmara Brasileira do Livro, SP, Brasil)

Pigozzo, Ana Flávia
  Marketing internacional / Ana Flávia Pigozzo. – Curitiba: InterSaberes, 2013. – (Série Marketing Ponto a Ponto).

  Bibliografia.
  ISBN 978-85-8212-798-8

  1. Comércio exterior 2. Marketing 3. Marketing de exportação 4. Planejamento estratégico I. Título. II. Série.

12-13739   CDD-658.848

Índices para catálogo sistemático:
1. Marketing internacional: Administração de empresas 658.848

1ª edição, 2013.
Foi feito o depósito legal.
Informamos que é de inteira responsabilidade da autora a emissão de conceitos.
Nenhuma parte desta publicação poderá ser reproduzida por qualquer meio ou forma sem a prévia autorização da Editora InterSaberes.
A violação dos direitos autorais é crime estabelecido na Lei nº 9.610/1998 e punido pelo art. 184 do Código Penal.

sumário

apresentação, 9
como aproveitar ao máximo este livro, 13

capítulo 1
Introdução ao marketing internacional
15

Conceito de marketing: do doméstico ao global, 18

Estágios de evolução de uma empresa transnacional, 23

Atividade econômica e comércio internacional, 28

Organismos e acordos internacionais, 32

Ambiente cultural de marketing internacional, 38

Para saber mais, 45

Síntese, 46

Questões para revisão, 47

capítulo 2

Seleção de mercados e dos modos de entrada

49

A decisão sobre o mercado externo a conquistar, 51

Internacionalização por meio da exportação, 64

Formas contratuais de entrada em mercados internacionais, 68

Investimentos diretos no exterior, 74

Para saber mais, 76

Síntese, 77

Questões para revisão, 78

capítulo 3

Decisão de produto em marketing internacional

83

Conceito de produto, 85

Desenvolvimento do produto e seu ciclo de vida, 91

Componentes do produto, 97

Estratégias de produto em marketing internacional, 102

Para saber mais, 110

Síntese, 111

Questões para revisão, 112

capítulo 4

Decisão de preço em mercados internacionais

117

Formação do preço de venda doméstico, 120

Aplicação da escalada de preços na decisão sobre a política de preço de exportação, 125

Incentivos fiscais e creditícios à exportação brasileira, 131

Política de preço na exportação, 134

Para saber mais, 140

Síntese, 141

Questões para revisão, 142

capítulo 5
Decisão de promoção em marketing internacional
147

A importância da promoção no marketing internacional, 150

Ações do *mix* de promoção de marketing, 154

Promoção de marketing internacional, 159

Planejamento da promoção de marketing, 164

Para saber mais, 171

Síntese, 172

Questões para revisão, 173

capítulo 6
Canais de distribuição em mercados internacionais
177

Distribuição física internacional (DFI), 179

Canais de distribuição em marketing internacional (DFI), 182

Responsabilidade do exportador na distribuição internacional, 189

A decisão sobre o modo de transporte internacional, 197

Para saber mais, 203

Síntese, 204

Questões para revisão, 206

para concluir..., 211
referências, 213
respostas, 217
sobre a autora, 221

apresentação

A disciplina **Marketing** Internacional compõe o quadro dos módulos de cursos voltados para o aperfeiçoamento de funções gerenciais que alinham as áreas de finanças, recursos humanos, logística e produção, entre outras. Apresentamos uma estrutura conceitual própria da gestão de negócios domésticos e que, neste livro, será adaptada e aplicada às transações internacionais.

Sob a abordagem proposta nesta obra, se você já tem conhecimento de noções básicas nas áreas de comércio, economia, logística e finanças internacionais, poderá fazer uma revisão de conceitos, técnicas, nomenclaturas e pontos de vista dos processos de gerenciamento que tanto facilitam o desenvolvimento da prática das atividades relacionadas à gestão mercadológica das organizações (em especial das

> Apesar de o termo *marketing* ser um estrangeirismo, pelo seu uso muito recorrente nesta obra não será grafado em itálico, como geralmente se faz em casos de igual natureza.

empresas privadas de pequeno e médio porte) e, concomitantemente, realizará o estudo de novos eixos temáticos. Caso não tenha essa base, você terá a oportunidade de conhecer e compreender esses fundamentos, que são essenciais às atividades de marketing internacional.

Como você poderá verificar, essa temática apresenta interfaces com várias disciplinas, fato que demonstra a **interdisciplinaridade presente na concepção desta obra** e em toda a nossa área de atuação. Nas organizações modernas, os conceitos, as ferramentas, as técnicas e as estratégias não existem isoladamente; há grande interação entre esses aspectos, levando-nos a refletir sobre os impactos no processo de gestão de todas as atividades das empresas, sejam no nosso país, sejam no exterior.

A experiência gerencial é um processo cumulativo e sinérgico. Dessa forma, é importante que você acompanhe o desenvolvimento da empresa e, ao ler este livro, reflita sobre os pressupostos conceituais apresentados, focando a aplicação prática dos conteúdos abordados. O objetivo é que, ao final desta leitura, você possa compreender como a discussão e a reflexão sobre os pontos aqui tratados podem contribuir para pavimentar um caminho facilitado em busca do conhecimento.

Ao desenvolvermos uma abordagem em que lançamos mão de noções teóricas e práticas, de questionamentos, de concepções consagradas e de fatos do cotidiano daqueles que trabalham com marketing internacional, **buscamos fazer da contextualização uma ferramenta de compreensão.**

Por isso, em alguns tópicos "Questões para revisão" você encontrará estudos de casos, e nas seções "Para saber mais" você receberá indicações multidisciplinares.

O Capítulo 1 faz uma abordagem geral sobre o marketing internacional, apresentando conceitos e organismos internacionais que regem essa atividade. Já no Capítulo 2, o conteúdo desenvolvido diz respeito à operacionalização da atividade, enfatizando os instrumentos de pesquisa.

No Capítulo 3 são desenvolvidos aspectos da relação estratégica entre produto e mercado internacional e, no Capítulo 4, continuamos a trabalhar com os 4 Ps do marketing, destacando os detalhes que se referem à formação do preço para que sejam atingidos os objetivos de comercialização de uma empresa.

A importância da decisão sobre a estratégia de promoção de marketing de produtos e serviços, com elucidação do contexto de ações do composto de promoção de marketing e sua interligação com o planejamento de promoção, é apresentada com mais detalhes no Capítulo 5 e, finalmente, no Capítulo 6, são tratados os aspectos pontuais referentes aos canais de distribuição no mercado internacional.

como aproveitar ao máximo este livro

Este livro traz alguns recursos que visam enriquecer o seu aprendizado, facilitar a compreensão dos conteúdos e tornar a leitura mais dinâmica. São ferramentas projetadas de acordo com a natureza dos temas que vamos examinar. Veja a seguir como esses recursos se encontram distribuídos no projeto gráfico da obra.

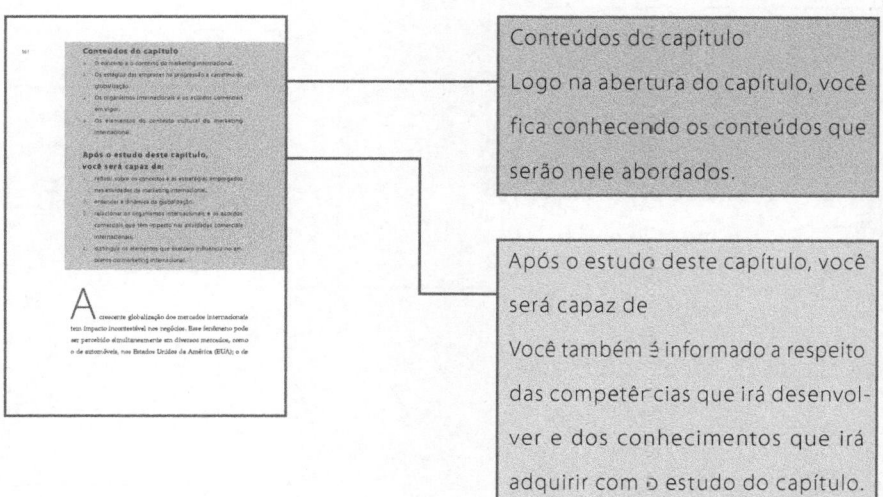

Conteúdos do capítulo
Logo na abertura do capítulo, você fica conhecendo os conteúdos que serão nele abordados.

Após o estudo deste capítulo, você será capaz de
Você também é informado a respeito das competências que irá desenvolver e dos conhecimentos que irá adquirir com o estudo do capítulo.

Para saber mais
Você pode consultar as obras indicadas nesta seção para aprofundar sua aprendizagem.

Questões para revisão
Com estas atividades, você tem a possibilidade de rever os principais conceitos analisados. Ao final do livro, a autora disponibiliza as respostas às questões, a fim de que você possa verificar como está sua aprendizagem.

Síntese
Você dispõe, ao final do capítulo, de uma síntese que traz os principais conceitos nele abordados.

capítulo 1
introdução ao marketing internacional

Conteúdos do capítulo

» O conceito e o contexto do marketing internacional.
» Os estágios das empresas na progressão a caminho da globalização.
» Os organismos internacionais e os acordos comerciais em vigor.
» Os elementos do contexto cultural do marketing internacional.

Após o estudo deste capítulo, você será capaz de:

1. refletir sobre os conceitos e as estratégias empregados nas atividades de marketing internacional.
2. entender a dinâmica da globalização.
3. relacionar os organismos internacionais e os acordos comerciais que têm impacto nas atividades comerciais internacionais.
4. distinguir os elementos que exercem influência no ambiente do marketing internacional.

A crescente aproximação dos mercados internacionais tem impacto incontestável nos negócios. Esse fenômeno pode ser percebido simultaneamente em diversos mercados, como o de automóveis, nos Estados Unidos da América (EUA); o de passagens aéreas, em Paris; o de refeições rápidas, em Pequim; o de computadores e *softwares*, em Londres; o de confecções, em Tóquio; e o de provedores de serviços de internet, em São Paulo.

Nos **relatórios anuais** do Banco Mundial, as estatísticas têm indicado que os países estão se tornando cada vez mais interdependentes em seus processos de progresso econômico. Produtos de marcas nacionais disputam espaço nas prateleiras de lojas e supermercados com os de marcas globais. Os eventos culturais, esportivos e de moda se repetem igualmente em todas as grandes cidades.

Disponíveis em: <http://www.worldbank.org>.

Diversas companhias, de todos os continentes, têm experimentado notável crescimento nas vendas externas, e é cada vez mais comum que a maior parcela de seus lucros seja gerada nos mercados internacionais. Os mercados de países de todos os portes e níveis de desenvolvimento, atualmente organizados em blocos competitivos, tornaram-se cruciais para as atividades de empresas como a Coca-Cola, a Nestlé, a Philips, a Nokia, a Microsoft® e tantas outras organizações. Vastos impérios multinacionais emergiram em todos os continentes, com volume de vendas muito superior ao Produto Interno Bruto (PIB) de muitos países.

> Os países estão se tornando cada vez mais interdependentes em seus processos de progresso econômico.

Investimentos estrangeiros cruzam mares e se alojam em todos os continentes, aproveitando vantagens comparativas dos países sede. Estas podem incluir mão de obra capaz e barata, matéria-prima abundante, baixa tributação sobre os lucros das empresas, localização em relação aos mercados consumidores etc. A concorrência está acirrada e globalizada em todos os setores nos quais multinacionais brasileiras, coreanas, finlandesas e chinesas disputam a participação de mercado com as tradicionais corporações estadunidenses, alemãs e japonesas. É o ambiente do marketing internacional tornando-se cada vez mais visível.

1.1 Conceito de marketing: do doméstico ao global

Marketing, segundo Richers (1981, p. 11), é definido como "atividades sistemáticas de uma organização humana, voltadas à busca e à realização de trocas para com o seu meio ambiente, visando benefícios específicos". Para Albaum, Strandskov e Duerr (1998), é um processo integrado, pelo qual as empresas constroem fortes relações com os clientes e, mediante a oferta de bens e serviços, criam valor para si e para eles. Para Kotler (2004), o marketing envolve os processos de pesquisar mercados, desenvolver e vender produtos e/ou serviços a clientes e de promovê-los por meio de propaganda para reforçar ainda mais as vendas. Para a American Marketing Association (AMA, 2013), é a atividade e o conjunto de instituições e processos para a criação, a comunicação, a entrega e a troca de ofertas que geram valor para os consumidores, os clientes, os parceiros e a sociedade como um todo. Keegan (2006), por sua vez, define o marketing como o processo de construção de relações duradouras por meio do planejamento, da execução e do controle da concepção, da formação de preço e da promoção e distribuição de ideias, mercadorias e serviços, a fim de criar trocas mútuas que satisfaçam necessidades e desejos de indivíduos e organizações.

De acordo com essas definições, **o marketing pode ser considerado tanto uma filosofia quanto um conjunto de atividades funcionais**. Como **filosofia**, abrange o valor para o cliente – ou a satisfação deste –, planejando e organizando atividades para atender aos objetivos individuais e organizacionais, e deve ser internalizado por todos os membros da empresa, uma vez que, **sem clientes satisfeitos, a organização certamente não se sustentará**. Como um conjunto de **atividades operacionais**, abrange a venda, a propaganda, o transporte, a pesquisa de mercado e as atividades de desenvolvimento de produto, entre outras. No planejamento de marketing, a empresa basicamente deve decidir o que será vendido, qual é o mercado-alvo e qual é o *mix* de marketing – composto de produto, praça, promoção, preço e pessoas.

Portanto, tendo como fundamento esses princípios básicos do marketing – **valor para o cliente, vantagem competitiva e foco** –, para alcançar seus objetivos, as empresas devem estudar os mercados e realizar as combinações corretas das variáveis encontradas para, assim, desenvolver produtos ou serviços que satisfaçam os desejos e as necessidades de seus clientes.

1.1.1 O que é marketing internacional?

A definição de marketing prevalece tanto para a empresa que atua somente em seu mercado doméstico quanto para aquela que atua também nos mercados internacionais. No entanto, o contexto de marketing é ampliado quando a empresa passa a vender além dos limites de seu país, principalmente em razão dos fatores adicionais – ou **diferenças ambientais** – a serem considerados, que dizem respeito, principalmente, às leis e aos regulamentos, às culturas e às situações econômicas desses novos mercados em que a empresa está se inserindo.

O marketing internacional difere do marketing básico exatamente porque os bens e os serviços são comercializados com clientes que estão no exterior. A gestão de marketing internacional precisa dar conta de ações que envolvem planejamento, coordenação, implantação e controle das atividades e das operações domésticas em mercados internacionais. De uma perspectiva geral, essas dimensões estão relacionadas à estratégia que a empresa adota para realizar sua entrada no mercado internacional.

O **marketing de exportação**, por exemplo, enquadra-se no marketing internacional como uma de suas dimensões mais importantes, pois a exportação é o modo de entrada em mercados externos mais utilizado pelas empresas, em especial pelas pequenas e médias. Os elementos de um programa de marketing de exportação são inter-relacionados e interdependentes – às vezes intercambiáveis, outras vezes complementares – e consistem em atividades controláveis – produto, preço, promoção e praça – que compõem o *mix* de marketing, adaptadas aos ambientes doméstico e internacional, consideradas as variáveis incontroláveis pela empresa.

Segundo Kotler (2004), o marketing internacional requer cinco decisões estratégicas:

> O marketing internacional difere do marketing básico exatamente porque os bens e os serviços são comercializados com clientes que estão no exterior.

1. Decisão de ir para o exterior, envolvendo o comprometimento com a internacionalização por todos os escalões da empresa, em especial pela administração.
2. Decisão sobre quais mercados a empresa deseja conquistar, com a definição até mesmo da sequência e dos prazos para a realização das metas programadas.
3. Decisão sobre quais modos de entrada serão empregados, compatíveis com os recursos humanos e materiais de que a empresa dispõe.
4. Decisão sobre o programa de marketing, com a definição dos produtos, dos preços, dos canais de distribuição e da estratégia de comunicação que serão utilizados em um *mix* de marketing internacional.
5. Decisão sobre a organização de marketing internacional, com a escolha de um sistema de controle das transações que seja eficiente e eficaz.

Na Figura 1.1 apresentamos um esquema em que é possível visualizar essas decisões de marketing internacional.

Figura 1.1 – Principais decisões de marketing internacional

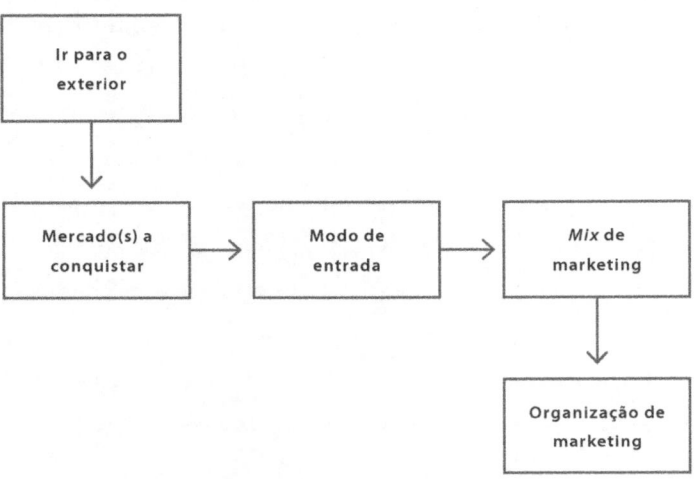

Fonte: Adaptado de Kotler, 2004, p. 358.

Agora você já sabe como são realizadas as principais decisões no marketing internacional. Vamos estudar então o marketing global.

1.1.2 O que é marketing global?

No marketing global, as empresas forjam alianças e redes são desenvolvidas, trabalhando de maneira integrada com entidades do governo de cada país, associações empresariais e, até mesmo, com empresas concorrentes do setor de atividades para aproveitar as oportunidades nos mercados globais e sobreviver. O objetivo do marketing, nesse caso, deixa de ser a satisfação dos objetivos da organização e passa a ser a geração de benefícios para grupos de interesse – empregados, sociedade, governo etc. O lucro é ainda essencial, mas não um fim em si. A empresa que criar mais valor para o cliente obtém vantagem competitiva.

Nesse contexto, o modo de operação é diferente. Em vez de somente exportarem, as empresas adotam estratégias de entrada nos mercados externos que evolvem investimentos de capital, como a aquisição de empresas locais ou a construção de fábricas em outros países.

> **O lucro é ainda essencial, mas não um fim em si.**

1.2 Estágios de evolução de uma empresa transnacional

Na escalada de internacionalização de suas atividades, segundo Keegan e Green (2000), as empresas passam por diversos estágios, nem sempre integralmente assumidos, dependendo da velocidade do processo de globalização e, consequentemente, dos recursos investidos nos mercados internacionais: nacional, internacional, multinacional, global e transnacional. Os dois últimos estágios se fundamentam nas semelhanças e nas diferenças entre os mercados, capitalizando as semelhanças para obter os benefícios de custos e reconhecendo as diferenças para satisfazer desejos e necessidades dos consumidores.

De acordo com Keegan (2006), as empresas costumam se envolver progressivamente com as atividades internacionais, desde a exportação até os investimentos em fábricas e unidades de distribuição no exterior. Como vimos nas classificações descritas, a empresa doméstica pode passar por um processo de quatro estágios de internacionalização até chegar à categoria de companhia global.

As **empresas domésticas** ou do primeiro estágio da globalização apresentam ambiente de operações doméstico – foco e visão policêntrica – e, por isso, não consideram a alternativa de se internacionalizar. A estratégia que essas organizações adotam é **orientada para mercados, fornecedores e concorrentes domésticos**, visto que seu contexto ambiental é limitado à área geográfica do mercado de seu país, que lhe é familiar.

Quando uma empresa doméstica progressista atingir os limites de crescimento em seu principal mercado, diversificará suas atividades em novos setores, produtos e tecnologias, em vez de enfocar a conquista dos mercados internacionais para os produtos existentes.

Quando a empresa doméstica decide conquistar oportunidades internacionais, evolui para o segundo estágio, passando a ser classificada como **empresa internacional**. Ainda nessa fase, o foco é o mercado doméstico, considerado a área principal de oportunidade. A orientação da organização permanece etnocêntrica e esta opera conscientemente com a suposição de que os métodos, as abordagens, as pessoas, as práticas e os valores domésticos do seu país são superiores àqueles encontrados em outros lugares do mundo.

Por esses motivos, há poucos profissionais com experiência internacional numa empresa do estágio dois. Como esse tipo de organização é tipicamente amparado numa estrutura de divisão mundial, todos aqueles com experiência no exterior são concentrados e focados nas oportunidades internacionais. A estratégia de produto da companhia nesse estágio é a **extensão direta**, isto é, produtos projetados para o mercado doméstico (do país sede) são oferecidos aos mercados de todo o mundo, com pouquíssima ou nenhuma alteração.

Após certo período, a empresa internacional descobre que as diferenças entre os mercados mundiais demandam adaptação do composto de marketing, a fim de que seja bem-sucedida na conquista da participação de mercado desejada. Assim, ao responder às diferenças de marketing, evolui para o estágio três e passa a ser considerada uma **companhia multinacional**. Essa organização adota uma estratégia multidoméstica, reage à concorrência nacional e à dinâmica do mercado, apresenta foco multinacional e orientação policêntrica, bem como se fundamenta na premissa de que os mercados mundiais são tão diferentes e exclusivos que a única forma de ser bem-sucedida internacionalmente é adaptar-se aos aspectos diferentes e exclusivos de cada mercado.

Por isso, a empresa multinacional administra seus negócios em cada país como se estivesse lidando com uma cidade independente. Ampara-se em uma estrutura por área, em que cada país em que a empresa atua está subordinado a uma divisão regional, e todas as divisões estão subordinadas à diretoria geral (mundial); por exemplo, divisões da América Latina, América Anglo-Saxônica, Europa Ocidental, Ásia Central, Oriente Médio e Sudeste Asiático. A estratégia de produto desse tipo de organização é a **adaptação**, o que pode incluir o estabelecimento de uma comunicação que possibilite colher informações para que se modifiquem ou se adaptem os produtos, a fim de satisfazer as práticas, os gostos e as preferências locais.

> A empresa multinacional administra seus negócios em cada país como se estivesse lidando com uma cidade independente.

A **companhia global** ou do estágio quatro continua a criar valor para os clientes, usando a extensão direta para negócios e produtos e adaptando estes, além de enfocar a expansão das atividades nos mercados globais emergentes.

Um mercado global é aquele que pode ser conquistado com a mesma mensagem, com o mesmo apelo básico de marketing e com o mesmo produto básico – estrutura, receita ou *design* comum, a partir do qual seriam adicionados componentes, atributos ou serviços para a composição de ofertas para os diferentes mercados. Elementos como produto, propaganda e promoção podem requerer adaptação aos costumes e às práticas locais, ou pode ser necessário, até mesmo, criar produtos que considerem as semelhanças e as diferenças entre os mercados globais que procuram servir.

Assim, esse tipo de organização desenvolve uma estratégia global fundamentada nas semelhanças para obter economias de escala, ou seja, redução do custo fixo unitário em função das grandes quantidades produzidas e negociadas; mas também responde às diferenças quanto à eficiência de custos. Nota-se que seu comportamento é imprevisível e está sempre alerta às oportunidades de negócios, aproveitadas até mesmo mediante a parceria com empresas locais e concorrentes internacionais.

A orientação geocêntrica da companhia global pressupõe que os mercados mundiais apresentam similaridades e diferenças e que é possível criar uma estratégia global que nã só reconheça as oportunidades (e delas tire vantagens) para estender suas experiências, suas pesquisas, seu desenvolvimento, seus produtos e suas mensagens de propaganda, como também reconheça as diferenças e responda a elas realizando adaptações ou criando novos produtos específicos para os novos mercados, sempre que o custo permitir.

A estrutura da companhia global costuma ser matricial, combinando duas ou mais estruturas alternativas – por exemplo, por região (divisões para América Latina, América Anglo-Saxônica, Europa Ocidental, Oriente Médio etc.) e por linha de produtos (divisões de automóveis, caminhões, utilitários etc.) –, cujas responsabilidades estão subordinadas às áreas funcionais, como as diretorias de Marketing, Industrial, de Finanças e de Logística.

A estratégia de produto da empresa global é uma **combinação de extensão, adaptação e criação**, fundamentando-se em produtos básicos, especialmente desenvolvidos para satisfazer os desejos e as necessidades dos consumidores de segmentos de mercado que existem em diversos países, identificados por gerentes de marketing, sempre atentos aos mercados globais.

A companhia transnacional, que está dominando crescentemente os mercados e as indústrias de todo o mundo, é uma empresa integrada mundialmente que associa recursos globais com mercados globais para obter lucros. É geocêntrica em sua orientação, reconhecendo similaridades e diferenças entre as nações, adota visão global, pensa globalmente e age localmente. Embora não haja um exemplo de companhia transnacional plena, há um número crescente de corporações que exibem muitas e, em alguns casos, a maioria das características da categoria.

A estratégia global da organização transnacional, a qual pesquisa e desenvolve produtos e investe em fábricas nos mercados externos, permite minimizar a sua adaptação em países nos quais realmente agregará valor aos consumidores locais. As propriedades-chave da companhia transnacional (fábricas, centros de distribuição, jazidas etc.) são dispersas pelo mundo, interdependentes e especializadas. As atividades de pesquisa e desenvolvimento costumam ser realizadas em vários países, e as peças e os componentes são produzidos em diversas nações e embarcados para as linhas de montagem em diferentes continentes. A distribuição física dos produtos é realizada por meio de complexos sistemas de transporte até chegar aos seus clientes de mercados mundiais.

1.3 Atividade econômica e comércio internacional

Após o fim da Guerra Fria, estabeleceu-se o panorama de um mundo dividido em blocos econômicos, no qual o conflito ideológico deu lugar ao econômico. A economia global dominou o cenário, e não mais o potencial militar dos países. As grandes corporações conquistaram influência e poder, e consumidores altamente conscientes passaram a influenciar o desenvolvimento de novos produtos e serviços e o estabelecimento de novos níveis de preços.

Nesse novo contexto, a força propulsora passou a ser o fluxo de capital, não o de mercadorias, e a produção deixou de ser acoplada ao emprego. A influência do ambiente econômico nos negócios internacionais foi favorecida por políticas comerciais liberalizantes, acordos comerciais abrangentes, incentivos à entrada de capital estrangeiro, proteção de direitos de propriedade, combate à corrupção e outros fatores que definem o nível de atratividade do país aos investidores globais.

> **A economia global dominou o cenário, e não mais o potencial militar dos países.**

Para determinar o grau de adaptação dos produtos da empresa às necessidades culturais específicas dos diferentes mercados, o gerente de marketing internacional deverá realizar a análise da sensibilidade ambiental e posicionar os produtos em uma escala, desde um extremo, o dos produtos ambientalmente insensíveis (que não exigem grandes adaptações aos mercados), até outro extremo, o daqueles altamente sensíveis aos diferentes fatores ambientais. Quanto maior for a sensibilidade, maior será a necessidade de a empresa aprender uma maneira para o produto interagir com o ambiente do novo mercado. Isso ocorre, por exemplo, com as bebidas alcoólicas, que têm como mercados mais atrativos os países do Ocidente e como menos atrativos os países islâmicos, nos quais é proibido o consumo desses produtos.

Com relação aos mercados potenciais, a atividade econômica é geralmente correlacionada ao desempenho dos diferentes setores econômicos – agricultura, pecuária, mineração, indústria, infraestrutura, comércio, serviços etc. Vários métodos foram criados para classificar as economias em diferentes estágios de desenvolvimento. Segundo o padrão do Banco Mundial, os países são divididos em cinco categorias, com base tão somente na renda média da população ou no PIB *per capita*:

1. **Economias de baixa renda** – Países mais pobres, mercados com baixo poder aquisitivo.
2. **Economias de renda média inferior** – Países em pleno desenvolvimento, nos primeiros estágios de industrialização, com mercado doméstico em crescimento, com potencial para aquisição de bens de consumo.

3. **Economias de renda média superior** – Países recentemente industrializados, que se movem em direção à pós-industrialização, cuja indústria se encontra em franco aumento de competitividade internacional, proporcionando melhorias na qualidade de vida da população, aumento da concentração populacional urbana e aumento dos salários (que continuam, no entanto, mais baixos que os oferecidos em países avançados).
4. **Economias de alta renda** – Países avançados, membros de grupos como a Organização para Cooperação e Desenvolvimento Econômico (OCDE) e o Grupo dos Sete (G7), considerados os países mais industrializados, incluindo Alemanha, Reino Unido da Grã-Bretanha e Irlanda do Norte, França, Itália, Espanha, Japão, Canadá e EUA, entre outros, geralmente com suas economias fortemente concentradas em serviços e indústrias de base tecnológica, oferecendo altos índices de bem-estar para os seus habitantes.
5. **Outras economias** – Países comunistas, incluindo Cuba, Coreia do Norte etc.

Atualmente, as economias são classificadas segundo os níveis de bem-estar social da população, sendo o indicador mais usado o Índice de Desenvolvimento Humano (IDH), medida que leva em conta a taxa de expectativa de vida, a alfabetização, a educação e os padrões de vida das nações do mundo. O índice, criado em 1990 pelos economistas paquistaneses Mahbub ul Haq e Amartya Sen, mede o impacto das políticas econômicas sobre a qualidade de vida de uma nação. Na Tabela 1.1, podemos ver os valores mínimo e máximo para cada dimensão considerada no cálculo do IDH, bem como a posição dos países de cada continente em relação a essas dimensões, expressa como um valor entre zero e um.

Tabela 1.1 – Índices de Desenvolvimento Humano (IDH) por continente – 2010

Nível de bem-estar	Muito elevado	Elevado	Médio	Baixo
IDH	0,788 – 0,938	0,677 – 0,784	0,488 – 0,669	0,140 – 0,470
Europa	28	12	0	0
América	3	15	9	1
Ásia	5	7	18	5
Oriente Médio	4	4	1	1
África	0	4	11	35
Oceania	2	1	3	0
Total	42	43	42	42

Fonte: UNDP, 2013.

Por outro lado, os principais indicadores econômicos internos e externos dos países são de fundamental importância para demonstrar uma avaliação da dimensão, da estrutura e da situação da economia, do tamanho e do poder aquisitivo do mercado etc., conforme podemos ver no Quadro 1.1.

Quadro 1.1 – Indicadores econômicos internos e externos de um país

Indicador interno	Aplicação
Produto Interno Bruto (PIB)	Dimensão do mercado
Composição do PIB	Estrutura da atividade econômica
População	Tamanho do mercado
PIB *per capita*	Nível de desenvolvimento do país

(continua)

(Quadro 1.1 – conclusão)

Indicador interno	Aplicação
Índice de preços ao consumidor	Taxa de inflação anual
Oferta de moeda	Atividade econômica
Investimentos / PIB	Compromisso com o desenvolvimento
Gastos públicos / PIB	Nível de estatização da economia
Dívida pública externa e PIB	Dependência internacional
Poupança / PIB	Potencial de crescimento do país
Indicador externo	Aplicação
Importação + Exportação	Fluxo do comércio
Fluxo do comércio / PIB	Nível de abertura
Exportação / Importação	Taxa de crescimento
Reservas cambiais / Importação	Índice de liquidez geral
Importação / Saldo da balança comercial	Índices de liquidez de curto prazo
Dívida externa / PIB	Índices de liquidez de longo prazo
Déficit de transações correntes / PIB	Balanço de pagamento
Juros pagos / PIB	Capacidade de pagamento

Dessa forma, podemos depreender do quadro anterior a importância que os indicadores apresentados têm para um país.

1.4 Organismos e acordos internacionais

As duas instituições internacionais mais importantes dedicadas à regulamentação do comércio internacional são: a **Organização Mundial do Comércio (OMC)**, que entrou em vigor no dia 1º de janeiro de 1995, e a **Conferência das Nações Unidas para Comércio e Desenvolvimento (UNCTAD)**, estabelecida em 1964 como organismo permanente intergovernamental e como orgão da Assembleia Geral da Organização das Nações Unidas (ONU), voltada para assuntos de comércio, investimento e desenvolvimento. Essas instituições fomentaram o comércio mediante o estabelecimento de regras para coibir as práticas desleais, o que ajudou a equilibrar as assimetrias entre os países-membros, oferecendo tratamento diferenciado aos menos desenvolvidos.

Atualmente, a OMC desenvolve esforços para que mais de 157 países-membros concluam as negociações multilaterais da Rodada de Doha e venham a firmar novos acordos sobre os temas em debate: acesso a mercado, subsídios e *dumping*, compras governamentais, barreiras não tarifárias, propriedade intelectual etc.

Há diversas outras organizações que auxiliam na regulamentação do comércio internacional, figurando entre as principais a Câmara de Comércio Internacional (CCI), a Organização para Cooperação e Desenvolvimento Econômico (OCDE) e as instituições financeiras supranacionais que integram o Sistema Monetário Internacional – o Fundo Monetário Internacional (FMI), o Banco de Compensações Internacionais (BIS) e o Sistema Banco Mundial, sendo este último formado pelo Banco Internacional para Reconstrução e Desenvolvimento (Bird), sem braço bancário, mais quatro entidades: a Sociedade Financeira Internacional (IFC), a Agência Internacional para o Desenvolvimento (IDA), a Agência Multilateral de Garantia de Investimento (Miga) e o Centro Internacional para a Arbitragem de Disputas sobre Investimentos (ICSID).

1.4.1 Acordos regionais e de integração

Acordos internacionais são convênios firmados entre países para o estabelecimento de alguma forma de cooperação, a fim de transferirem recursos (capitais, matérias-primas, produtos, serviços e tecnologias) para aproveitar as vantagens comparativas e competitivas, em busca de complementaridade regional.

Costumam assumir a forma de acordos de vantagens preferenciais recíprocas (benefícios nos dois sentidos) ou de vantagens não recíprocas (benefícios que não proporcionam contrapartida para os países de menor desenvolvimento).

O Sistema Geral de Preferências (SGP) é o acordo de vantagens não recíprocas que favorece o Brasil e outros outorgados com vantagens tarifárias concedidas pelos países outorgantes, como os EUA.

A caminho da integração econômica e política, os acordos evoluem em estágios progressivos, acumulando as concessões recíprocas em:

a. **Área de livre comércio** – Quando há a eliminação de barreiras tarifárias e não tarifárias no comércio entre os membros.
b. **União aduaneira** – Área de livre comércio em que se adota uma tarifa externa comum para as operações com países fora do acordo.
c. **Mercado comum** – União aduaneira em que, além da livre movimentação de mercadorias e da adoção da tarifa externa comum, há a liberação de fluxos de pessoas e capitais.
d. **União econômica** – Primeiro estágio da integração econômica, com a uniformização das políticas macroeconômicas, incluindo o estabelecimento de um banco central e a adoção de uma moeda única.
e. **União política** – Estágio avançado da união econômica em que os países se fundem em um só Estado.

Nas Américas, acordos tradicionais se juntam a novos tratados de preferências comerciais. A Associação Latino-Americana de Livre Comércio (Alalc) foi criada em 1960 pelo Tratado de Montevidéu, reunindo Argentina, Brasil, Chile, México, Paraguai, Peru e Uruguai e admitiu ainda Bolívia, Colômbia, Equador e Venezuela, antes de ser sucedida em 1980 pela Associação Latino-Americana de Integração (Aladi). Esse acordo atualmente reúne Argentina, Brasil, Bolívia, Colômbia, Chile, Equador, Paraguai, Peru, Uruguai, Venezuela, México, Panamá e Cuba, este último admitido em 1999. Ainda em 1960, foi constituído o Mercado Comum Centro-Americano (MCCA), formado por Guatemala, Nicarágua, Costa Rica, Honduras e El Salvador.

Em 1973, foi constituída a Comunidade e Mercado Comum do Caribe (Caricom), atualmente formada por 15 nações – Suriname e Guiana, da América do Sul; Belize, da América Central; Montserrat, um território ultramarino insular do Reino Unido da Grã-Bretanha e Irlanda do Norte; Antígua e Barbuda, Bahamas, Barbados, Dominica, Granada, Haiti, Jamaica, Santa Lúcia, São Cristóvão e Neves, São Vicente e Granadinas e Trinidad e Tobago, estes países insulares do Mar do Caribe.

Alguns países-membros da Aladi participam do Mercado Comum do Sul (Mercosul), o qual foi estabelecido em março de 1991 e é integrado por Argentina, Brasil, Paraguai e Uruguai. A adesão da Venezuela, proposta em 2006, foi finalmente aprovada em 2012. Neste mesmo ano, ocorreu a suspensão do Paraguai; a Bolívia encontra-se em processo de adesão. Outros desses países-membros formaram a Comunidade Andina de Nações (CAN), estabelecida em 1969 e tendo como membros Colômbia,

Peru, Bolívia e Equador. Em 1993, EUA, Canadá e México, por sua vez, firmaram o Tratado de Livre Comércio da América do Norte (Nafta). A proposta de um acordo mais abrangente nas Américas, a Área de Livre Comércio das Américas (Alca) – excluindo apenas Cuba da integração comercial continental –, foi apresentada pelo então presidente dos EUA, William J. Clinton, durante a Cúpula das Américas, em Miami, no dia 9 de dezembro de 1994. Tendo como objetivo eliminar as barreiras alfandegárias entre 34 países americanos, a formação do bloco comercial, que entraria em vigor no final de 2005, não mais evoluiu nas negociações multilaterais.

Como etapa intermediária para a formação da Alca, em 2004, EUA, República Dominicana e os membros do MCCA firmaram o Tratado de Livre Comércio entre EUA, América Central e República Dominicana, conhecido por Cafta-DR, que tem recebido críticas pela população dos países centro-americanos, a qual está preocupada com a exploração da mão de obra local como ocorrera no México pós-Nafta; com a privatização e a desregulamentação dos serviços públicos; com a ameaça ao meio ambiente; e com a extensão dos prazos das patentes da área farmacêutica, que elevaria o preço dos medicamentos domesticamente.

Na Europa, temos a União Europeia (UE), a qual foi criada em 1952 sob a denominação de Comunidade Econômica Europeia (CEE) e, atualmente, possui 27 países-membros (a Croácia está em fase de adesão) e que estão em um avançado estágio de integração, e a Associação Europeia de Livre Comércio (Efta), que foi

estabelecida em 1960 e hoje reúne Suíça, Noruega, Liechtenstein
e Islândia.

No Sudeste Asiático, a área de livre comércio da Associação
das Nações do Sudeste Asiático (Ansa), criada em 1992, atualmente reúne dez países da região – Brunei, Indonésia, Malásia,
Filipinas, Cingapura, Tailândia, Vietnã, Laos, Mianmar e Camboja.

Por sua vez, a Cooperação Econômica Ásia-Pacífico (Apec),
foro criado em 1989 por países da orla do Pacífico, visando ao
estabelecimento de uma área de livre comércio, reúne na atualidade 21 países que respondem por mais da metade da população, do PIB e do fluxo de comércio mundial: Austrália, Brunei,
Canadá, Chile, China, Hong Kong, Indonésia, Japão, Coreia do
Sul, Malásia, México, Nova Zelândia, Papua-Nova Guiné, Peru,
Filipinas, Rússia, Cingapura, Taiwan, Tailândia, EUA e Vietrã.

Na África, os principais acordos são: a União Aduaneira da
África Austral (Sacu), que reúne África do Sul, Lesoto, Botsuana
e Namíbia; a Comunidade Econômica dos Estados da África
Ocidental (Ecowas), organização de integração regional que engloba 15 países da África Ocidental – Benin, Burkina Fasso, Cabo
Verde, Costa do Marfim, Gâmbia, Gana, Guiné, Guiné-Bissau,
Libéria, Mali, Níger, Nigéria, Senegal, Serra Leoa e Togo; e o
Mercado Comum da África Oriental e Austral (Comesa), com
19 membros – Burundi, Comores, República Democrática do
Congo, Djibuti, Eritreia, Etiópia, Quênia, Madagascar, Malawi,
Maurício, Ruanda, Seychelles, Sudão, Suazilândia, Uganda,
Zâmbia, Zimbábue, Líbia e Egito.

1.5 Ambiente cultural de marketing internacional

Ao pesquisar novos mercados internacionais para os produtos da empresa, o gerente de marketing prospecta consumidores potenciais, analisando, pois, o que se consome e como determinado produto é consumido no país, bem como quais são os hábitos de compra – onde, quando, quantas vezes e que quantidades as pessoas compram. Com isso, é possível dizer que o interesse principal é conhecer o universo cultural do país.

A cultura de uma sociedade, segundo Dereski (2004), compreende os valores compartilhados, os entendimentos, as certezas e os objetivos que são aprendidos de gerações anteriores, impostos pelos atuais integrantes dessa sociedade e legados às gerações posteriores. Portanto, consiste em modelos de comportamento, modos de percepção, sistemas de valores, crenças, mitos, ídolos, símbolos, ferramentas, hábitos de vestir, adereços etc. que resultam dos esforços realizados por gerações passadas da sociedade para se adaptarem a seu ambiente. A cultura é aprendida por socialização, conforme Ferraro (1994), e partilhada pelos indivíduos pertencentes à comunidade, representando os modos de vida edificados por um grupo de indivíduos e transmitidos de geração para geração. Significa a programação coletiva da mente, que distingue os membros de uma categoria de pessoas de outra; é tudo o que uma pessoa tem, pensa ou faz como membro de uma sociedade (ideias, valores, atitudes, materiais, artefatos, formas ou padrões de comportamento). Enfim, a cultura é o *software* da mente.

O ambiente cultural pode ser estruturado segundo as variáveis que o compõem, incluindo: língua; religião; sistema legal;

educação; política e poder; materiais e tecnologia; organização social; estruturas de autoridade; valores, comportamentos e modos de pensar em relação às conquistas, às mudanças, ao tempo, às incertezas etc. Dos itens citados, **valores, comportamentos e modos de pensar** são os que afetam diretamente os resultados das transações, em virtude dos efeitos que causam sobre a compreensão das discussões.

Valores são elementos difíceis de identificar e mensurar em razão da falta de instrumentos de medida que tenham validade e credibilidade reconhecida. Segundo Cateora e Graham (2001), os executivos japoneses são extremamente polidos, o que, para um gerente ocidental não avisado, pode dar impressão de falta de franqueza e honestidade. Entretanto, esse comportamento se explica por um valor fundamental na cultura japonesa, que é o de manter as relações harmoniosas com os outros, levando o japonês a multiplicar questões e a forjar opiniões sem ter de afrontar a outra parte.

O comportamento pode ser analisado com base na forma de comunicação e, nesse contexto, **a língua utilizada na negociação é muito importante**. Em geral, na impossibilidade de adotar o idioma de uma das partes como referência para a interação, o inglês costuma ser utilizado. O uso de um intérprete é prática recomendada, mesmo que se conheça a língua da outra parte, pois isso permite gerenciar as respostas, utilizando o tempo de tradução para refletir sobre as respostas a serem dadas. Além disso, expressões faciais, tons de voz, silêncios e olhares são indicações que interferem na

> Na impossibilidade de adotar o idioma de uma das partes como referência para a interação, o inglês costuma ser utilizado.

forma como o cliente ou o fornecedor percebem as proposições que lhes são feitas, embora os significados variem segundo cada cultura. Por exemplo, na França e nos EUA, o silêncio significa a existência de dificuldade ou mal-estar, exatamente o contrário do que ocorre no Japão.

A utilização intensa de palavras ou de gestos e símbolos, de processos de pensamento ordenados (cada coisa a seu tempo) ou globais (várias coisas ao mesmo tempo) traduz os diferentes modos de pensamento. Isso pode gerar compreensões equivocadas nas comunicações durante a negociação de transações entre executivos de diferentes culturas. Por exemplo, os modos de pensamento dos japoneses e dos estadunidenses, de acordo com Albaum, Strandskov e Duerr (1998), opõem-se fortemente, uma vez que os orientais fazem muitos apelos de forma simbólica (explorando a comunicação não verbal) e tratam cada problema a seu tempo, ao contrário dos ocidentais.

1.5.1 A importância da comunicação e do contexto

Comunicar, segundo Ferraro (1994), significa trocar pensamentos, mensagens ou informações – o que pode ocorrer por meio da fala, dos sinais, da escrita ou do comportamento, incluindo atitudes, gestos manuais, olhares, postura do corpo etc. Entretanto, a comunicação somente será efetiva quando a pessoa que receber a mensagem ou informação entendê-la; caso contrário, terá sido inútil. Uma má comunicação pode gerar desentendimentos e problemas de relacionamento entre gerentes de empresas, entre cônjuges e entre pais e filhos.

Seguindo esse raciocínio, pode-se considerar que a comunicação intercultural é um processo dinâmico, complexo e multifacetado, por meio do qual indivíduos de diferentes nações trocam significados. Abrange mensagens verbais e não verbais, inconsciente e conscientemente enviadas. Conforme Ferraro (1994), pesquisas realizadas em 1980 por Albert Mehrabian constataram que as palavras representam apenas 7% de todo o processo de comunicação, sendo o restante de responsabilidade da comunicação não verbal (38% atribuídos à paralinguagem – tom de voz, entonação, pausas e visão; e os outros 55%, à linguagem corporal). Ainda segundo o autor, nas mais diversas situações do cotidiano, 65% a 90% da conversação é interpretada por meio da linguagem corporal. É essencial ter certeza de que o corpo e as palavras estão enviando a mesma mensagem. Franzir o rosto e cruzar os braços, enquanto são ditas palavras de encorajamento e otimismo, faz a informação ser percebida de forma confusa; ou então, quando o espaço pessoal do indivíduo é invadido, ele se sente desconfortável e instintivamente se move para longe.

O contexto no qual a comunicação se desenvolve, de acordo com Deresky (2004), é uma das principais causas do ruído no processo da comunicação, afetando o sentido e a interpretação. Em geral, segundo Hall e Hall (1990), citados por Deresky (2004), as culturas são classificadas como de alto ou baixo contexto, com uma escala intermediária relativa.

Nas culturas de **alto contexto de comunicação**, típicas do Japão, da China e de outros países da Ásia, do Oriente Médio, da África

> **Nas culturas de alto contexto de comunicação, os sentimentos e os pensamentos não costumam ser manifestados de forma explícita.**

e do Mediterrâneo, os sentimentos e os pensamentos não costumam ser manifestados de forma explícita. As pessoas ouvem mais do que falam, sendo necessário ler nas entrelinhas e interpretar o significado da mensagem, inclusive da comunicação não verbal, por meio daquilo que se conhece do emissor ou do ambiente em que se vive.

Nessas culturas, o aspecto jurídico é, muitas vezes, menos importante. É comum que, para os indivíduos que provêm desses contextos, a palavra dada comprometa a pessoa; que a responsabilidade de um erro na organização seja daquele que ocupa o nível mais alto; que as pessoas não tenham espaço vital ou distância de segurança nos contatos pessoais; que os indivíduos deem a cada coisa da vida o tempo que lhe é necessário; e que as negociações sejam longas, para permitir que as partes se conheçam.

Nas culturas de **baixo contexto de comunicação**, típicas dos EUA, do Canadá, da Alemanha, da Suíça, da Dinamarca e de outros países do norte da Europa, **as relações pessoais e profissionais costumam ser mais separadas**; os meios de comunicação precisam ser mais explícitos; sentimentos e pensamentos são manifestados mais por palavras. Assim, a informação se torna mais disponível; sendo comunicada verbalmente, ou preferencialmente na forma expressa; o aspecto jurídico é muito importante; a palavra dada não é confiável, somente o compromisso escrito; a responsabilidade de um erro é remetida ao funcionário que ocupa um nível mais baixo na organização; as pessoas mantêm uma distância mínima de segurança nos contatos pessoais e reagem a qualquer invasão; o tempo é "de prata" e as negociações são breves, buscando atingir metas objetivamente, sem rodeios.

Por exemplo, os alemães costumam esperar até que tenham informações detalhadas antes de tomar uma decisão de negócios; já entre os árabes é mais comum que a decisão tenha como base, especialmente, o conhecimento do gerente da outra empresa – a informação continua presente, mas sempre implícita. Para os estadunidenses, pessoas loquazes são mais facilmente reconhecidas como atraentes, mas é mais provável que um coreano ache justamente o contrário.

Encontrar o equilíbrio entre a comunicação de alto e baixo contexto pode ser muito complicado, visto que o excesso de informação pode, em alguns casos, levar o indivíduo a se sentir enganado e, em outros, a escassez pode levá-lo a se sentir excluído.

1.5.2 Orientação de valor

Em geral, os comportamentos das pessoas diferem segundo as culturas, visto que são orientados para os seus valores, estes percebidos em diversas variáveis e situações, como você pode observar no Quadro 1.2.

Há elementos da cultura que são fundamentais para a equação da demanda de um produto ou serviço. Por exemplo, o consumo de refrigerantes varia em função do preço, da qualidade, do gosto, dos costumes, dos hábitos, da eficácia da propaganda, da disponibilidade do produto nos canais de distribuição, das condições climáticas e do poder aquisitivo do consumidor.

Considerando-se a maior ou a menor influência do ambiente na demanda, há produtos que apresentam mais sensibilidade ambiental, como alimentos, cosméticos e filmes, enquanto outros são menos sensíveis, como eletrodomésticos, computadores e celulares.

Quadro 1.2 – Orientações de valor segundo variáveis selecionadas

Ambiente	Controle: pessoas mudam o ambiente por necessidade.	Harmonia: pessoas em harmonia com o meio ambiente.	Restrito: pessoas limitadas pelo meio ambiente.
Tempo	Passado: continuação da tradição é muito valorizada.	Presente: orientação de curto prazo e para resultados imediatos.	Futuro: foco nos resultados de longo prazo.
Ação	Fazer: foco na tarefa; esforço maior é no alcance de metas e nas conquistas.	Ser: foco nas relações; esforço maior em trabalhar pelo momento, pela experiência.	
Comunicação	Alto contexto: regras para falar e atitudes implícitas no contexto, que são entendidas sem se explicitar.	Baixo contexto: troca de fatos e informação ocorre por palavras, apresenta significado explícito.	
Competitividade	Competitivo: postura positiva, sucesso material e conquistas são priorizados.	Cooperativo: esforço é focado na qualidade de vida, na interdependência e nos relacionamentos.	
Estrutura	Ordem: alta necessidade de regras e previsibilidade, escrita e não escrita; conflito é ameaça.	Flexibilidade: tolerância a situações ambíguas e imprevistas; dissidência é tolerável.	
Pensamento	Indutivo: raciocínio com base na experiência e na experimentação.	Dedutivo: raciocínio baseado na teoria e na lógica.	
Poder	Hierarquia: valoriza diferenças de poder entre indivíduos e grupos.	Equidade: valor atribuído na minimização dos níveis de poder.	
Espaço	Privado: orientação individual para uso do espaço físico; prefere distância entre pessoas.	Público: orientação do grupo para uso do espaço físico; prefere proximidade.	
Individualismo	Individualista: visa a interesses próprios.	Coletivista: foca interesses sociais e do grupo.	
Masculinismo	Machista: comando reservado aos homens.	Feminista: equilíbrio no acesso a papéis relevantes.	
Risco	Agressivo: tolerante à incerteza, comportamento contemplativo e comparativo.	Avesso: não aceita ambiguidade, foco na verdade absoluta e na estabilidade.	

Fonte: Adaptado de Albaum; Strandskov; Duerr, 1998, p. 74-75.

Para saber mais

HUMAN DEVELOPMENT REPORTS. *Human Development Index (HDI)*. Disponível em: <http://hdr.undp.org/en/statistics/hdi>. Acesso em: 21 jan. 2013.

O Índice de Desenvolvimento Humano (IDH) é um indicador que relaciona expectativa de vida ao nascer, média de anos de escolaridade, expectativa de anos de escolaridade e Produto Interno Bruto (PIB) *per capita*, avaliando o bem-estar de uma população segundo três dimensões – saúde, educação e padrão de vida. Para conhecer melhor a metodologia e a evolução anual dos indicadores por país e por continente, acesse o *site* da Human Development Reports.

KOTLER, P. *Marketing essencial*: conceitos, estratégias e casos. 2. ed. São Paulo: Pearson Prentice Hall, 2004.

Para uma revisão dos conceitos apresentados neste capítulo, consulte os primeiros capítulos dessa obra de Kotler.

PRESENTE de grego. Direção: Charles Shyer. EUA: Warner, 1987. 105 min.

Para melhor compreender o desenvolvimento do marketing e da microempresa, assista ao filme *Presente de grego*, uma comédia estadunidense, de 1987, que conta a história de J. C. Wyatt, uma bem-sucedida consultora de empresas que abandona o seu emprego em uma grande organização e cria um negócio próprio, por conta de uma necessidade familiar.

RICHERS, R. *O que é marketing*. 15. ed. São Paulo: Brasiliense, 1981. (Coleção Primeiros Passos, n. 27). Disponível em: <http://pt.scribd.com/doc/52507938/Raimar-Richers-O-que-e-Marketing-Colecao-Primeiros-Passos-27-pdf-rev-WwW-LivrosGratis-net->. Acesso em: 21 jan. 2013.

A consulta a essa obra é uma viagem ao início do marketing no Brasil. Trata-se de um texto obrigatório, do pioneiro mestre da Fundação Getulio Vargas (FGV) que ousou falar de marketing quando a disciplina ainda era referida como mercadologia. Essa é uma obra didática e atual, recomendada tanto para profissionais quanto para acadêmicos.

Síntese

Neste capítulo, tivemos a oportunidade de conhecer ou relembrar o conceito de marketing e sua evolução em relação aos campos de aplicação, desde as transações domésticas até os negócios desenvolvidos em mercados globais. Também nos propusemos a estabelecer uma conexão entre os impactos da globalização sobre os mercados, as organizações, os produtos e os serviços, analisando os aspectos socioeconômicos e culturais do ambiente de marketing e os estágios de evolução das empresas que estão no caminho para a conquista dos mercados globais.

A globalização exige das empresas estratégias competitivas e produtos de qualidade adaptados a todas e a cada uma das necessidades e desejos dos consumidores de mercados globais. Esse é o grande desafio da era global!

Assim, no contexto acadêmico e profissional, o conteúdo deste capítulo, aliado à sua própria experiência pessoal, permitirá uma reflexão sobre os conceitos e as estratégias aplicáveis no âmbito do marketing internacional.

Questões para revisão

1. Assinale a alternativa correta:
   a. O Mercosul é um acordo no qual a movimentação de mercadorias, capitais e serviços entre os países tornou-se livre.
   b. A União Europeia é uma comunidade econômica de 27 países que compartilha um banco central comunitário e uma moeda única – o Euro.
   c. O Nafta é um mercado comum formado por EUA, Canadá e México.
   d. O SGP é um acordo que beneficia a exportação de certos produtos brasileiros com isenções de tarifa, sem a contrapartida de benefícios a este país.
   e. A Alca é uma área de livre comércio que poderá integrar todos os acordos regionais das Américas, envolvendo um conjunto dos 34 países americanos (exceto Cuba).

2. Assinale a alternativa correta em relação ao estágio de internacionalização das empresas:
   a. A empresa doméstica atua em diversos mercados, desde que fronteiriços com seu país.
   b. A empresa internacional não tem visão doméstica e investe em fábricas no exterior.
   c. A empresa transnacional tem investimentos em fábricas em dezenas de países.
   d. A companhia multinacional mantém representantes e agentes nos mercados em que atua.

e. A companhia global fabrica em seu país e exporta para dezenas de mercados globais.

3. Identifique a alternativa **incorreta** a respeito das sociedades de alto e baixo contexto:
   a. Japão e EUA são, respectivamente, sociedades de alto e baixo contexto.
   b. A cultura de baixo contexto usa pouco da comunicação não verbal, e a de alto contexto usa demais.
   c. A cultura de alto contexto é imediatista, enquanto a de baixo contexto é mediatista.
   d. A cultura de alto contexto requer pouco espaço, e a de baixo contexto guarda espaço pessoal sem invasões.
   e. A cultura de alto contexto é coletivista, enquanto a de baixo contexto é individualista.

4. De que forma o ambiente econômico de um país pode influenciar a demanda de um produto?

5. Identifique três elementos do ambiente cultural que afetam diretamente os resultados da negociação de uma exportação de alimentos destinados ao varejo.

capítulo 2
seleção de mercados e dos modos de entrada

Conteúdos do capítulo

» Pesquisa e análise de dados do mercado internacional.
» Modalidades de exportação.
» Modalidades de negociações e investimentos nos mercados internacionais.

Após o estudo deste capítulo, você será capaz de:

1. pesquisar e analisar dados para a seleção do mercado internacional a ser conquistado.
2. identificar os principais tipos de fontes e *sites* de pesquisas de informações institucionais sobre os mercados globais.
3. distinguir as modalidades de exportação segundo os intervenientes e os contatos na transação, bem como as modalidades de negócios contratuais e os investimentos diretos em mercados internacionais.

A dinâmica das empresas que atuam no exterior as impulsiona a manter a presença de suas marcas e de seus produtos em todos os mercados globais estratégicos. Esse nível de envolvimento depende de vários fatores, alguns ligados ao **potencial de mercado** – que projeta o crescimento da participação de mercado dos produtos da empresa – e outros relacionados à experiência com o mercado – o que resulta do contato com clientes cada vez mais exigentes, que obrigam as empresas a inovar incessantemente, e do ritmo da evolução das tecnologias no mercado. Nesse contexto, **a pesquisa permanente permite à empresa a definição do momento certo de investir em cada mercado estratégico.**

A necessidade de pesquisa permanente reflete um dos verdadeiros desafios da gerência: interpretar, com base em informações, todas as mudanças nos cenários (econômico, social etc.) de mercados importantes, antecipando-se com soluções específicas para se beneficiar dessas mudanças, revendo os planos operacionais empregados, administrando rigorosamente os custos e/ou aumentando os investimentos em atividades que aumentam o valor para o cliente. Essa é a função do gerente – conhecer, ler e explorar os mercados, buscar a maximização do valor para o cliente sem comprometer o resultado e visualizar uma crise como oportunidade. Esses são alguns desafios que estamos lhe propondo.

2.1 A decisão sobre o mercado externo a conquistar

Um passo importante na formulação de uma estratégia de marketing internacional é a **seleção do mercado de exportação**, ou seja, o processo de avaliação de oportunidades que levará a empresa a decidir em qual mercado irá competir. Esse processo requer uma avaliação das exigências impostas pelo mercado prospectado e da real capacidade da companhia de atender ou alterar tais exigências. Além disso, a seleção de mercado não pode ser feita somente com base nos fundamentos de marketing; considerações mais amplas sobre a experiência, as habilidades e os objetivos da empresa requerem que o processo seja desenvolvido com base em uma estratégia global.

Identificar o mercado certo para a entrada e a operação da empresa – seja no estágio inicial do processo de internacionalização, seja em um estágio intermediário como parte do programa de extensão desenvolvido pela organização – é importante por três razões:

1. As decisões de mercado-alvo, envolvendo a identificação, a sequência e o cronograma de mercados a conquistar, são prévias ao desenvolvimento dos programas de marketing e, portanto, da realização dos investimentos em marketing internacional.
2. Por outro lado, a natureza e a localização dos mercados da empresa afetarão a capacidade desta de coordená-los eficientemente, requerendo estudos e análises para a definição de uma estrutura organizacional competente.
3. O estabelecimento de bases nos mercados internacionais adequadas aos interesses da organização pode ser uma dimensão importante da estratégia de posicionamento global da empresa. Por exemplo: ao projetar a conquista de mercados andinos, uma empresa brasileira poderá decidir por entrar inicialmente no mercado chileno, cujo consumidor, com maior grau de escolaridade e poder aquisitivo, é considerado o mais exigente da região.

As estratégias e as decisões de seleção de mercado e da escolha do modo de entrada e de operação e o direcionamento do mercado (decisão de construir, manter, desinvestir em um mercado externo) em geral são os problemas mais comuns de marketing de exportação. Para que esses problemas possam ser resolvidos, o gerente de marketing dispõe dos elementos do composto de marketing internacional, transformando essas decisões em políticas concretas de produto, preço, distribuição e promoção. Segmentação, posicionamento e diferenciação são algumas das ferramentas analíticas tradicionais aplicadas ao desenvolvimento do composto de marketing. Trata-se, pois, de uma decisão crucial da estratégia de marketing de exportação, fundamental para mensurar a participação de mercado e os outros indicadores de desempenho, especificar os clientes-alvo e suas necessidades e reconhecer os competidores importantes.

O primeiro passo para a seleção do mercado-alvo em marketing internacional é **estabelecer um perfil do produto-mercado**. Para isso, segundo Avaro (2001), é preciso conhecer:

> » quem compra e quem não compra o produto ofertado;
> » qual é a necessidade ou a função do produto;
> » qual problema o produto resolve;
> » quais consumidores o produto poderá atender e qual preço estes pagam pelos produtos da concorrência;
> » quando e onde o produto é comprado;
> » por quanto o produto é comprado.

Portanto, esse primeiro passo consiste em identificar o potencial de mercado de vários países ou regiões, avaliar a competitividade e o apelo do produto para cada mercado, definir o *mix* de marketing, estudar a resposta do mercado ao preço, às estratégias de comunicação etc., avaliar os canais de distribuição e o serviço ao cliente e utilizar o *feedback* para aperfeiçoamento do *mix*.

Em relação ao *mix* de marketing, o objetivo da pesquisa é definir segmentos e nichos de mercado para o produto e elaborar sugestões para a formulação das estratégias do *mix*, levando-se em consideração o **produto** (definição das linhas e dos tipos de produtos, componentes, embalagem e atributos mais adequados ao mercado), o **preço** (sugestões sobre custos, tipos de cotações, fixação de preços, descontos, garantias e formas de pagamento), a **praça** e a **distribuição** (reflexão sobre os canais mais convenientes para entrar no mercado, meios de transporte e distribuição até os clientes e negociação) e a **promoção** (sugestões para a estratégia de promoção e de posicionamento do produto, premissas, campanhas publicitárias, objetivos, tipos de mídias, público-alvo (*target*), mensagens etc.).

2.1.1 Situações típicas de pesquisa de mercado

As situações de pesquisa de mercados internacionais, de acordo com Avaro (2001), podem ser categorizadas em quatro tipos ou etapas: (a) quando o mercado e o produto são indefinidos; (b) quando o mercado é indefinido e o produto, definido; (c) quando o mercado é definido e o produto, indefinido; (d) quando o mercado e o produto são definidos. O primeiro caso consiste em uma investigação abrangente, que visa formar uma base para a tomada de decisão sobre situações mais específicas, como a escolha de um produto ou de um mercado. É o caso, por exemplo, do estudo de um agente de exportação para decisão sobre linhas de produtos e regiões de atuação.

Por sua vez, a pesquisa da segunda situação (b) busca um novo mercado para certo produto, ou seja, um mercado que ofereça melhores possibilidades e condições para entrada e crescimento das vendas do produto da empresa, do setor ou do governo. Tome-se como exemplo a decisão sobre o mercado de uma região ou bloco econômico com melhores perspectivas para o produto.

A terceira situação (c) é a de definição de um novo produto para determinado mercado. Por meio de pesquisas, poderão ser levantados quais são os produtos com maiores possibilidades de exportação em curto prazo para o mercado em questão. Por exemplo: uma empresa do setor de eletrodomésticos projeta uma **linha branca** a fim de exportar máquinas de lavar e fogões a gás para um novo mercado no qual acaba de instalar uma filial; no entanto, em consequência de um longo período de estiagem e do aumento do custo de energia, a demanda se mostra mais elevada por fogões a lenha; portanto, durante determinado período, a marca da empresa será difundida nesse mercado por meio desses produtos, cuja oferta atende a todos os segmentos e classes sociais.

> Linha branca em eletrodomésticos como fogões, micro-ondas, geladeiras etc. são produtos desenvolvidos que têm por objetivo atender às necessidades básicas de uma residência.

Por fim, a quarta situação (d) envolve uma pesquisa em que já estão definidos o mercado e o produto e que visa obter informações complementares necessárias para a elaboração dos planos de comercialização de forma semelhante ao mercado doméstico, como a reação do consumidor a uma nova embalagem e ações promocionais da concorrência local.

Há dois tipos de pesquisas: a **exploratória** e a **bibliográfica**. A primeira exige planejamento detalhado de recursos (projeto, instrumento de pesquisa, orçamento, cronograma), em que o pesquisador e a equipe obtêm e processam informações primárias de mercado por meio de várias técnicas – observação, enquete, entrevista etc. –, pessoalmente, por telefone, correio ou *e-mail*, respondendo a questões como "de que cor, sabor ou tamanho?" e "com que frequência?". Mais rápida e onerosa que a bibliográfica, requer conhecimentos técnicos e permite obter a informação procurada (no conteúdo e na quantidade, atual e confiável).

Por outro lado, a pesquisa bibliográfica utiliza dados secundários já existentes, publicados ou não, que devem ser localizados pelo pesquisador por acesso a uma base de dados ou via fax, carta, internet, referindo-se a conceitos ou dados quantitativos. Por exemplo: um conceito básico de marketing viral (uso e desenvolvimento de técnicas de marketing que buscam identificar e explorar as redes de contato na internet) pode ser obtido por meio do *site* Infoescola. Essa pesquisa é ideal para estudos prévios à pesquisa exploratória para reduzir o custo, o tempo e os esforços, pois exige rapidez no acesso, credibilidade, objetividade, atualização de dados e custo razoável das fontes. Entretanto, nem sempre proporciona toda a informação procurada.

Disponível em: <http://www.infoescola.com/publicidade/marketing-viral>.

As principais áreas da pesquisa de mercado incluem estatísticas sobre o país em que a empresa deseja comercializar seu(s) produto(s) – risco político, balança comercial, conjuntura e perspectivas da economia; sistema tarifário e barreiras não tarifárias ao comércio, acordos comerciais e negociações internacionais; órgãos e instrumentos de promoção comercial, zonas francas e zonas de processamento de exportações; oferta de transporte internacional (portos, aeroportos, rodovias etc.); canais de distribuição e concorrência no mercado global; suprimento internacional (fornecedores, quantidades e preços); investimentos estrangeiros e restrições ao estabelecimento de empresas; regulamentos sobre operações de câmbio e de comércio exterior.

> As principais áreas da pesquisa de mercado incluem estatísticas sobre o país em que a empresa deseja comercializar seu(s) produto(s).

2.1.2 Critérios de seleção de mercado

Com base na simplificação e na rapidez do processo de entrada e expansão, os mercados indicados para o início das atividades de exportação são, em ordem de preferência, os mais próximos (países vizinhos), os culturalmente mais semelhantes, os de rápido ou grande potencial de crescimento, os de concorrência menos acirrada e os mercados tradicionais das exportadoras brasileiras conhecidas.

Os critérios para a seleção do mercado-alvo devem levar em conta: o potencial deste mediante a análise dos indicadores econômicos, sociodemográficos etc., obtidos com as organizações internacionais, como o Banco Mundial e a Organização Mundial de Comércio (OMC), e com os órgãos oficiais de estatísticas dos países de interesse (no caso do Brasil, o Instituto Brasileiro de Geografia e Estatística – IBGE); o acesso a esse mercado, identificando-se os controles oficiais e as barreiras comerciais; os custos de embarque, incluindo o frete e o tempo da mercadoria em trânsito; a concorrência potencial, mediante a simulação da oferta de produtos; a adequação do produto para atender às exigências do mercado escolhido; e as exigências de serviços, como garantias e assistência técnica.

Nesse sentido, os mercados são comparados por seus aspectos políticos (relações políticas, situação social e política, risco-país), econômicos (Produto Interno Bruto – PIB, taxa de crescimento, PIB *per capita*, nível de abertura e outros indicadores), logísticos (distância do país, custo de frete e complexidade da infraestrutura), culturais (similaridade, sensibilidade e negociação), comerciais (tarifa média e outras barreiras, acordos comerciais, regras ambientais, normas técnicas, canais existentes e concorrência) e tecnológicos (demanda semelhante, sensibilidade, certificação e adaptação). **A decisão final sobre em quais mercados globais a empresa deseja atuar consiste, portanto, na seleção daqueles que são mais promissores para o produto a ser oferecido.**

Como exemplo de aplicação, podemos considerar a seleção do mercado para computadores pessoais de configuração básica para estudantes de nível médio entre os países do Cone Sul (Uruguai, Argentina, Paraguaia, Bolívia e Chile). Os indicadores selecionados para a pesquisa de mercado e de comparação foram: tamanho do mercado e taxa de crescimento; poder aquisitivo médio e distribuição de renda; custos e condições dos fatores de produção; distância do país e oferta de frete internacional; número e porte das empresas concorrentes locais; tipo, quantidade e porte dos canais de distribuição; semelhança dos consumidores quanto a sabor, gosto, cor, embalagens etc. Considerando que no Uruguai essa aquisição é objeto de licitação pública de entidade governamental, a Argentina, o maior mercado e de poder aquisitivo satisfatório, aparece como o mais atrativo, beneficiado por acordo do Mercosul.

2.1.3 Fontes de informações sobre mercados internacionais

A cadeia de decisões tomadas pela direção da empresa para planejar e desenvolver operações internacionais envolve o compromisso com a internacionalização, a pesquisa e a seleção dos mercados-alvo, a definição da estratégia de entrada, a fixação dos objetivos de mercado, o desenho do composto de marketing e a organização do setor responsável pelas exportações. Para obter as informações cruciais à análise e à tomada de decisão, a empresa deve manter um sistema de informações de marketing internacional, segundo Keegan e Green (2000), direcionado para a pesquisa de dados sobre o potencial de análise de mercados e oportunidades, concorrência, câmbio, informações normativas, recursos e condições gerais dos mercados.

As fontes de informações de marketing internacional são as diferentes organizações, as pessoas, os locais, os registros ou as publicações a que se pode recorrer para pesquisar dados e informações a respeito de um mercado, segmento ou nicho. Essas fontes podem ser divididas da seguinte forma:

» **Internas** – As informações são obtidas por meio de registros da própria empresa.
» **Externas** – As informações são obtidas fora dos registros da empresa. Incluem as fontes **institucionais**, representadas por organizações domésticas e internacionais, e as

> **documentais**, que incluem artigos, estudos e pesquisas publicados por órgãos públicos e entidades privadas.
> » **Diretas** – São sítios da internet, periódicos ou publicações que disponibilizam a informação.
> » **Indiretas** – Fornecem sítios da internet, periódicos ou publicações nas quais será possível obter as informações.

As fontes de informações institucionais incluem órgãos públicos (como a Receita Federal do Brasil – RFB e o IBGE) e entidades privadas do país exportador (como as federações das indústrias dos estados do Brasil), do país importador (por exemplo, a Agência Central de Inteligência dos Estados Unidos da América – CIA) e de outros países, conforme o Quadro 2.1. As principais fontes documentais incluem os periódicos de maior circulação no país, como os jornais *O Estado de S. Paulo*, *O Globo* e *Folha de S. Paulo*; revistas especializadas e científicas, como *Exame, HSM Management, Revista de Administração e Empresas – RAE* (publicada pela Fundação Getulio Vargas – FGV), *Revista Brasileira de Comércio Exterior – RBCE* (publicada pela Fundação Centro de Estudos do Comércio Exterior – Funcex); boletins de estatísticas sobre câmbio e comércio exterior, como os relatórios da Secretaria de Comércio Exterior (Secex), do Banco Central do Brasil (Bacen), entre outros; diretórios de exportadores, como o guia de exportadores da Fiesp e da Funcex; anuários setoriais publicados em mídias de comunicação, como *Exame – Comércio*

Exterior e *Exame – Infraestrutura*; livros e enciclopédias, como *O desafio das exportações* (2002), obra publicada pelo Banco Nacional do Desenvolvimento Econômico e Social (BNDES), e a *Enciclopédia Brittanica*.

Uma fonte tradicional de informações estratégicas e estatísticas sobre comércio exterior que oferece informações gratuitas é a AliceWeb (Sistema de Análise das Informações de Comércio Exterior via internet do Ministério do Desenvolvimento, Indústria e Comércio Exterior – MDIC). A AliceWeb permite a consulta de dados sobre balança comercial, exportação e importação; a procura por categorias, como mercadoria, país, bloco econômico, unidade da Federação (estados e Distrito Federal), via de transporte e porto. Os sítios de busca na internet (Google, Wikipédia e outros) podem ser considerados como fontes indiretas das mais relevantes, pois oferecem inúmeras referências acadêmicas para acesso às informações requeridas sobre os assuntos pesquisados. Por exemplo: na busca por dados sobre indicadores econômicos dos países, estão disponíveis na Wikipédia tabelas de dados atualizados de três fontes distintas: Banco Mundial, Fundo Monetário Internacional (FMI) e CIA, com acesso disponível para a devida verificação.

Por meio do Quadro 2.1 você poderá conhecer os principais sítios eletrônicos das fontes institucionais e pesquisar as de seu interesse.

Quadro 2.1 – Fontes de informações institucionais selecionadas

Organização	Homepage	Assuntos de comércio exterior
Receita Federal do Brasil (RFB)	http://www.receita.fazenda.gov.br	Estatísticas, legislação, tarifas e acordos.
Ministério do Desenvolvimento, Indústria e Comércio Exterior (MDIC)	http://www.mdic.gov.br	Estatísticas, legislação, tarifas e acordos.
Banco Central do Brasil (Bacen)	http://www.bcb.gov.br	Normas e estatísticas sobre câmbio.
Banco Nacional do Desenvolvimento Econômico e Social (BNDES)	http://www.bndes.gov.br	Estudos e pesquisas.
Fundação Centro de Estudos do Comércio Exterior (Funcex)	http://www.funcex.com.br	Estudos, pesquisas e base de dados.
Banco do Brasil (BB)	http://www.bb.com.br	Créditos e serviços bancários.
Confederação Nacional da Indústria (CNI)	http://www.cni.org.br	Estudos sobre exportações e negociações internacionais brasileiras.
Instituto de Estudos do Comércio e Negociações Internacionais (Icone)	http://www.iconebrasil.org.br	Estudos e pesquisas sobre exportações agrícolas brasileiras.
Sistema de Análise das Informações de Comércio Exterior (AliceWeb)	http://www.aliceweb.desenvolvimento.gov.br	Base de dados oficiais sobre exportação, importação e balança comercial.
Federação das Indústrias do Estado de São Paulo (Fiesp)	http://www.fiesp.org.br	Informações de interesse dos exportadores, inclusive diretório de empresas.

Agência Nacional de Transportes Terrestres (ANTT)	http://www.antt.gov.br	Legislação e registro de transportes terrestres.
Agência Nacional de Transportes Aquaviários (Antaq)	http://www.antaq.gov.br	Legislação e registro sobre portos e transporte aquaviário.
Iniciativa para a Integração da Infraestrutura Regional Sul-Americana (IIRSA)	http://www.iirsa.org	Projetos de desenvolvimento da infraestrutura da América do Sul.
Organização Mundial do Comércio (OMC)	http://www.wto.org	Estudos, acordos e estatísticas.
Conferência das Nações Unidas para Comércio e Desenvolvimento (UNCTAD)	http://www.unctad.org	Estudos e estatísticas.
Comissão das Nações Unidas para o Direito Comercial Internacional (CNUDCI)	http://www.uncitral.org	Normas e convenções do direito internacional.
Comissão Econômica para a América Latina e o Caribe (Cepal)	http://www.eclac.org	Estudos e pesquisas sobre temas da região.
Organização para Cooperação e Desenvolvimento Econômico (OCDE)	http://www.oecd.org	Estudos e dados sobre desenvolvimento.
Banco Mundial (BM)	http://www.ibrd.org	Estudos e estatísticas sobre desenvolvimento.
Fundo Monetário Internacional (FMI)	http://www.imf.org	Estudos e estatísticas sobre capitais.
Banco de Compensações Internacionais (BIS)	http://www.bis.org	Estudos e estatísticas sobre capitais.
Agência Central de Inteligência dos Estados Unidos da América (CIA)	http://www.cia.gov	Base de dados abrangentes dos mercados.

2.2 Internacionalização por meio da exportação

A exportação é o modo de internacionalização mais utilizado pelas pequenas e médias empresas e a modalidade empregada inicialmente em razão dos elevados riscos políticos dos investimentos diretos no exterior. A eficiência financeira da exportação envolve, pelo menos, três condições:

1. uma escolha cuidadosa das condições de pagamento e financiamento, reduzindo-se os riscos da transação;
2. um bom conhecimento das técnicas bancárias, dos incentivos fiscais e financeiros e dos serviços logísticos à disposição dos exportadores;
3. o rigor na gestão logística e financeira da solução adotada.

As exportações são classificadas, segundo os titulares da transação internacional, em diretas e indiretas. Nas exportações **diretas**, o exportador é o produtor ou fabricante das mercadorias isentas de impostos. Nas **indiretas**, o exportador é uma empresa comercial exportadora, que desfruta da suspensão de impostos até a comprovação do embarque para o exterior e o recebimento da moeda estrangeira. Há ainda a venda realizada dentro do próprio país exportador, equiparada à exportação, em que o produtor ou fabricante entrega as mercadorias a uma *trading company* – sociedade comercial exportadora constituída segundo o Decreto-Lei nº 1.248, de 29 de novembro de 1972 (Brasil, 1972), que estabelece incentivos fiscais específicos para as exportações realizadas por essas empresas.

A comercialização internacional envolve as ações necessárias para a obtenção de negócios concretos no mercado internacional, que culminarão com as vendas do produto desejado. Essas ações incluem pesquisa e seleção de mercados, negociação com os intermediários, contato com potenciais clientes, ações de promoção, propaganda e publicidade, logística de exportação –, ou distribuição física internacional, que envolve o transporte em territórios nacional e internacional, carregamento e descarregamento de cargas nos veículos de transporte, providências bancárias e de seguro, formalidades em relação aos órgãos de controle, elaboração e conferência de documentação, entre outros fatores.

> A comercialização internacional envolve as ações necessárias para a obtenção de negócios concretos no mercado internacional, que culminarão com as vendas do produto desejado.

2.2.1 Exportação direta

Na exportação direta, o produtor ou fabricante é também o exportador. É ele o responsável pela realização da fase produtiva, pela comercialização internacional e pela logística das exportações, além de todas as atividades de marketing internacional – pesquisa de mercados e seleção de compradores, negociação das condições de transação e firmação de contratos. Deve produzir as mercadorias na forma e no prazo previstos, efetuar o despacho aduaneiro, embarcar as mercadorias para o exterior e gerenciar os serviços de pré ou pós-venda. Esse método apresenta como vantagens, segundo Douglas e Craig (1995), o controle total do processo exportador e do composto de marketing, a obtenção de preços e margens maiores (por não envolver um intermediário), a garantia de acesso aos benefícios e aos incentivos oficiais e ampla aprendizagem sobre o mercado, a experiência exportadora e os contatos externos, criando vantagens competitivas, melhoria de imagem e presença internacional da marca. Para usar esse tipo de exportação, a empresa geralmente precisa organizar-se internamente, sendo habitual a criação de um departamento ou uma gerência de exportação ou de comércio exterior, embora nem sempre essa seja uma condição indispensável. Há casos de empresas de pequeno porte ou de exportadores que realizam vendas esporádicas ao exterior, em que essa atividade é desempenhada pela área comercial, tendo somente uma pessoa dessa área encarregada de providenciar as formalidades e monitorar os serviços terceirizados.

2.2.2 Exportação indireta

Na exportação indireta, a produção é realizada pelo produtor ou fabricante, mas a comercialização internacional e os serviços logísticos são **coordenados pelo intermediário**. A empresa comercial exportadora, a *trading company* ou o agente de compra adquirem os produtos e os revendem por sua conta e risco nos mercados externos. Para o produtor ou fabricante, a transação se limita à venda no mercado doméstico, destinada posteriormente ao mercado externo, sendo o intermediário responsável pela exportação ante as legislações aduaneira, fiscal e cambial. Na maioria dos casos, esse processo implica compra do produto e posse das mercadorias pelo intermediário, sendo o ganho ou o lucro da intermediação obtido por diferenças de preços. Esse método apresenta como vantagens, conforme Douglas e Craig (1995), a concentração do exportador na fabricação do produto, vendas mais rápidas a clientes no país, sem riscos, sem a exigência de estrutura especializada e sem incorrer em despesas de comercialização externa e de logística internacional. Em geral, esse método é recomendável para pequenas empresas, operações esporádicas, volumes menores e mercados distantes e complexos.

O intermediário – ou a empresa prestadora de serviços – pode oferecer serviços ao produtor em outras atividades, como o gerenciamento de suprimento e/ou de importação, a canalização de recursos financeiros, serviços de *design* e pós-venda. Em geral, **os benefícios e os incentivos à exportação são destinados aos exportadores e não aos produtores, salvo no caso em que seja negociado um acordo a esse respeito.** Alguns países permitem ou exigem a transferência de incentivos fiscais ou financeiros a produtores, considerados exportadores indiretos. Essa modalidade de exportação não requer que o produtor tenha uma área especializada na organização, a menos que exporte diretamente para outros clientes.

2.2.3 Exportação associativa

Na exportação associativa, a produção é geralmente realizada por vários fabricantes ou produtores, e a comercialização e a logística são de responsabilidade de um consórcio ou uma cooperativa de exportação, dos quais o produtor faz parte. De fato, a produção é controlada e coordenada pelo consórcio ou pela cooperativa, que pode também realizar atividades de suprimentos, *design*, pesquisa e desenvolvimento, administração ou financiamento. Uma vez que o produtor também integra o consórcio de exportação, mesmo que este não seja responsável pela exportação, ele também participa da comercialização e da logística de exportação e as controla.

Em geral, o conceito de consórcio tem caráter de associação permanente e implica nova estrutura societária, que não representa a fusão das empresas produtoras. No caso do **consórcio horizontal**, reúnem-se produtores que fabricam os mesmos produtos (produtos concorrentes), com o objetivo de aumentar o volume da oferta exportável. Por sua vez, no **consórcio vertical**, as firmas produzem mercadorias diferentes que, geralmente, complementam-se (produtos complementares), com o objetivo de diversificar a oferta nos mercados externos. Esse método apresenta como vantagens, segundo Douglas e Craig (1995), a concentração da empresa exportadora na produção, a diversificação de mercados por meio da exploração de mercados complexos, com menores custos e riscos e sem estrutura própria, além de recebimento de incentivos oficiais específicos para consórcios.

2.3 Formas contratuais de entrada em mercados internacionais

Além da exportação, a empresa brasileira pode utilizar modos não comerciais de entrada e operações em mercados externos, que consistem na produção por meio de uma base localizada no exterior (por exemplo: mediante a construção de uma fábrica no mercado-alvo, com a realização de investimento de capital no exterior). A empresa, porém, deve considerar também as modalidades contratuais – que incluem os contratos de fabricação, montagem, licenciamento, franquia e *joint venture* (formação de nova empresa em parceira com o grupo local). Quando o tamanho do mercado, os custos de embarque, as barreiras tarifárias e outros fatores sugerem a viabilidade de estabelecer a produção próxima aos clientes estrangeiros e a empresa está relutante em comprometer recursos vultosos com essas operações, essas modalidades representam as alternativas para a conquista de mercados externos.

2.3.1 Contratos de fabricação

Sob o contrato de fabricação, a empresa contrata um fabricante local para ficar responsável pela produção, mas mantém o controle de marketing internacional, comercializando seus produtos no mercado-alvo. Essa estratégia pode ser apropriada em países em que o tamanho do mercado não é suficiente para garantir o estabelecimento de uma fábrica no exterior e/ou quando há elevadas barreiras comerciais, como imposto de importação elevado, quotas de importação e outras restrições técnicas. Pode ocorrer também de a empresa brasileira não ter recursos ou não desejar investir capital em uma nova fábrica, e a mão de obra no mercado-alvo permitir um custo de produção competitivo.

Na prática, **trata-se de alugar a capacidade de produção de um fabricante local**. É um modo de entrada flexível porque, dependendo da duração do contrato, se a firma não ficar satisfeita com a qualidade do produto ou com a confiabilidade da entrega, poderá mudar de fabricante. Além disso, se a organização decidir se retirar do mercado, não haverá desinvestimento das instalações de produção. O contrato deve conter cláusulas garantindo que o fabricante contratado manterá os padrões de entrega e qualidade da empresa e que não poderá entrar em novos mercados com produtos derivados da linha original por período determinado a partir da associação, quando a companhia perder o controle direto sobre a fabricação. É uma maneira de entrada rápida e competitiva, em função do baixo custo de produção e da eliminação do frete.

2.3.2 Contratos de montagem de produtos no exterior

As vantagens da montagem no exterior se evidenciam quando o imposto de importação de determinado país sobre o produto da empresa é muito mais elevado do que o imposto de importação sobre as suas peças e os seus componentes. Nesse caso, a empresa brasileira exporta os *kits* de peças e componentes, ou seja, os produtos completamente desmontados (*Completely Knock-Down* – CKD, na expressão da Receita Federal do Brasil), para a montagem no exterior por empresa local contratada por tempo determinado, ficando as vendas aos usuários finais por conta da própria exportadora. É também uma forma de entrada rápida e competitiva em virtude da redução dos custos de produção, frete e seguro internacional. Por outro lado, como na fabricação no exterior, o contrato deve estipular cláusulas que proíbam a empresa montadora contratada de estabelecer concorrência aos produtos da empresa no mercado em questão ou em mercados próximos.

2.3.3 Contratos de licenciamento

O licenciamento é um modo apropriado de entrada no mercado internacional caso a empresa apresente patentes de produtos, processos etc. ou quaisquer outros tipos de ativos de direitos autorais, inclusive *softwares*, livros, filmes, fotografias etc., marca registrada ou nome de marca global – a partir dos quais pode beneficiar-se em escala mundial sem comprometer recursos com as operações internacionais. No contrato de licenciamento, a empresa licenciadora concede ao licenciado o direito de utilizar a tecnologia patenteada, a marca registrada ou o nome de marca, mediante pagamento de taxa de *royalty*. Tipicamente, essa taxa é uma porcentagem das vendas cobertas pelo acordo. Portanto, gera receitas rapidamente, sem qualquer investimento de capital no exterior e sem maiores riscos. Um exemplo dessa modalidade de contrato é a fabricação e a venda de roupas e acessórios de grife (gravatas, calças, bolsas etc.) em loja multimarcas.

> O contrato de licenciamento deve ser estabelecido no contexto da estratégia global da empresa.

Para proteger o valor da marca registrada, a licenciadora deve monitorar as atividades do licenciado e controlar a qualidade dos produtos, evitando que seja usada em itens fora dos padrões aprovados ou comercializados de forma inadequada. O contrato de licenciamento deve ser estabelecido no contexto da estratégia global da empresa, visto que é um modo apropriado para entrar num pequeno mercado rapidamente. Isso permitirá à empresa focar o desenvolvimento de mercados maiores a longo prazo.

2.3.4 Contratos de franquia

Os contratos de franquia consistem numa forma de licenciamento na indústria de serviços, como refeições pré-elaboradas (*fast-food*), varejo, aluguel de automóveis, hotéis, agências de emprego ou venda de imóveis. Nessa modalidade, o franqueador concede ao franqueado o direito de fazer negócios de maneira específica sob seu nome e sua marca, mediante o pagamento de um valor inicial e de *royalties*, que geralmente são uma comissão ou uma porcentagem sobre as vendas. Portanto, a franquia habilita a empresa a se expandir internacionalmente sem fazer um investimento substancial de capital que em outro modo de entrada seria necessário. Contudo, o franqueador deve monitorar as operações dos franqueados nos diversos mercados e estabelecer padrões de desempenho para assegurar uniformidade do produto e/ou do serviço oferecido mundialmente. Caso contrário, o valor e o nome da franquia serão perdidos.

A franquia apresenta a vantagem de gerar receitas rapidamente sem elevado investimento e de usar talentos gerenciais locais nas operações, mantendo a motivação do pessoal em contato com os clientes. Por outro lado, para assegurar a qualidade dos produtos e do atendimento, a franqueadora deve manter um plano de carreira para os empregados e um sistema de treinamento gerencial e um de reciclagem de pessoal, indispensáveis para a manutenção da motivação nas unidades franqueadas. A franquia de marca mais conhecida internacionalmente é a McDonald's®, companhia dos EUA que explora o setor de restaurantes de refeições rápidas, com aproximadamente 35.500 restaurantes em 119 países. Nesse caso, o contato com os consumidores e o funcionamento diário eficiente da empresa são os componentes-chave para o sucesso. O empreendedor local franqueado pode oferecer produtos conhecidos de uma marca global, receber treinamentos em gestão de restaurantes e em segurança alimentar em centros de formação de pessoal da empresa em todos os continentes, bem como ser abastecido de insumos da melhor qualidade rigorosamente inspecionados por técnicos da franqueadora. Lidando com mão de obra local para o atendimento aos clientes da própria região, o franqueado se mantém seguro e motivado para o gerenciamento diário das particularidades do ambiente das operações, participando diretamente dos lucros com substancial nível de autonomia administrativa.

2.3.5 Parcerias societárias ou *joint ventures*

O estabelecimento de *joint venture* com parceiro local é outra maneira de limitar o risco de investimento de capitais nos mercados internacionais e uma alternativa de entrada em países com sistemas econômicos ou ambientes de marketing significativamente diferentes. Pode assumir várias formas, dependendo dos objetivos da empresa, das exigências de capital da sociedade e dos regulamentos do governo referentes a investimentos de capital estrangeiro. **A forma mais comum de *joint venture* se dá entre duas companhias privadas – a empresa estrangeira que estabelece uma sociedade com a empresa do mercado externo para atuar no mercado-alvo.** Em geral, a empresa estrangeira é de um país mais avançado e supre a nova firma com experiência de produção e tecnologia e, às vezes, com a marca e a reputação consagradas, e o sócio local oferece conhecimento e familiaridade com o ambiente e acesso à rede de distribuição do mercado local. Deve ser ressaltado que, nessa modalidade, até para o cumprimento de certas exigências legais da maioria dos países, as empresas estrangeiras geralmente têm participação minoritária no capital da nova empresa, ou seja, não controlam a administração da *joint venture*. As vantagens da formação de *joint ventures* incluem o investimento de capital moderado na nova empresa, permitindo a redução do risco da operação, além dos benefícios do conhecimento do mercado e da cultura gerencial local. Por outro lado, devem ser estabelecidos em cláusulas contratuais alguns procedimentos que geram discórdia entre sócios, como a destinação dos lucros apurados em cada exercício, que podem ser distribuídos entre as partes ou retidos para reinvestimentos.

2.4 Investimentos diretos no exterior

O investimento estrangeiro direto consiste na realização de investimento de capital no exterior para a aquisição de uma empresa existente em plena operação no mercado-alvo ou para a construção de uma nova fábrica no novo mercado, requerendo maior comprometimento com a expansão internacional. Essas operações oferecem controle completo sobre a produção e a comercialização dos produtos e eliminam potenciais conflitos de interesses e problemas de gestão que surgem da utilização de modalidades contratuais, em especial *joint ventures*, mas expõem a empresa a um risco maior de naturezas diversas em virtude da participação total no investimento e da necessidade de lidar com o ambiente empresarial e a cultura do novo mercado.

2.4.1 Aquisições de empresas

Adquirir uma empresa existente no exterior oferece diversas vantagens, pois agiliza a entrada no mercado-alvo escolhido e, frequentemente, dá acesso aos canais de distribuição, à base de clientes existentes e, em certos casos, a nomes de marcas estabelecidas e/ou reputações das empresas. Há casos em que a administração existente continua oferecendo uma ponte para a entrada no mercado e permitindo à empresa adquirir experiência em lidar com o ambiente de marketing local. Isso pode ser particularmente vantajoso para uma firma com habilidades de gestão internacional limitada ou que não tenha muita familiaridade com o mercado local. A aquisição é também desejável se a indústria já é altamente competitiva e há pouco espaço ou barreiras significativas para a entrada de novas firmas no setor, reduzindo, portanto, a concorrência. A privatização de empresas estatais por meio de aquisições envolvendo uma variedade de indústrias em países do Leste Europeu e da América Latina, por exemplo, ofereceu oportunidades únicas para entrar nesses mercados.

2.4.2 Construção de novas plantas no exterior

Em geral, os potenciais problemas das aquisições de empresas existentes em mercados externos podem levar as companhias a se estabelecerem no exterior mediante o investimento na construção de uma nova fábrica. Essa modalidade de entrada habilita a empresa a utilizar a tecnologia de produção mais recente e, ao mesmo tempo, a selecionar a localização mais vantajosa em relação aos custos de mão de obra, aquisição e preparação de terrenos, impostos e transportes. **A capacidade de integrar operações de diversos países e de determinar a direção da expansão internacional futura é frequentemente uma motivação-chave para estabelecer operações integralmente controladas,** embora leve mais tempo construir plantas do que adquirir uma fábrica em pleno funcionamento.

Para saber mais

AAKER, D. *Administração estratégica de mercado*. 7. ed. Porto Alegre: Bookman, 2007.

Obra amplamente referenciada nas disciplinas de marketing, aborda o desenvolvimento da estratégia de mercado sob o ponto de vista externo, mediante uma análise estruturada de consumidores, concorrentes, tendências de mercado e do ambiente de atuação da empresa. Recomendável para os gerentes de marketing de outras áreas funcionais da empresa.

ABECE – Associação Brasileira de Empresas de Comércio Exterior. Disponível em: <http://www.abece.org.br/Legislacao/RegistroTrading.aspx>. Acesso em: 22 jan. 2013.

A Abece foi criada em 5 de junho de 1975 com o objetivo de representar as empresas comerciais exportadoras do país – as chamadas *trading companies* –, que surgiram como uma resposta à crescente evolução do comércio exterior no Brasil e à necessidade de apoio nas intermediações dos negócios. Para conhecer melhor esse tipo de empresa, acesse o *site* da Abece.

GARRIDO, I.; LERENTIS, F.; ROSSI, C. Orientação para o mercado externo, estratégias de entrada em mercados internacionais e performance internacional: proposições para um modelo conceitual. *Base: Revista de Administração e Contabilidade da Unisinos*, São Leopoldo, v. 2, n. 3, p. 63-73, jan./abr., 2006. Disponível em: <http://www.unisinos.br/publicacoes_cientificas/images/stories/Publicacoes/Basev3n1/art07_garrido_larentis_rossi.pdf>. Acesso em: 22 jan. 2013.

Nesse artigo, os autores propõem diversas ideias e conceitos para que o leitor possa se orientar melhor para o mercado externo, bem como ter o conhecimento de estratégias de entrada em mercados e *performance* internacionais.

RODRIGUES, L. R.; OLIVEIRA, E. A. A. Q. de. Expansão da exportação de cachaça brasileira: uma nova oportunidade de negócios internacionais. n: ENCONTRO LATINO-AMERICANO DE PÓS-GRADUAÇÃO, 7., 2007, São José dos Campos. *Anais...* São José dos Campos: Univap, 2007b. Disponível em: <http://www.inicepg.univap.br/cd/INIC_2007/trabalhos/sociais/epg/EPG00103_08C.pdf>. Acesso em: 22 jan. 2013.

Esse artigo é uma boa oportunidade para se analisar a evolução da conquista do mercado de exportação pela cachaça brasileira.

Síntese

Neste capítulo, tivemos a oportunidade de conhecer ou relembrar o processo de seleção do mercado-alvo para o planejamento de marketing internacional. Isso envolve uma boa familiaridade com os conceitos, as técnicas de pesquisa, os critérios de avaliação dos mercados globais e das fontes de informações de inteligência comercial. Nesse contexto, observamos que também é necessário refletir sobre os países que hoje apresentam as melhores oportunidades de negócios, principalmente em razão da estabilidade econômica e da abertura do mercado, em seus aspectos político-legais, socioeconômicos e culturais no ambiente de marketing.

Também conhecemos as diversas modalidades de operações para a internacionalização de uma empresa brasileira. Além da exportação – direta, indireta ou associativa –, vimos que a companhia pode contratar a fabricação ou a montagem dos produtos no exterior, licenciar ou franquear empresas estrangeiras para a exploração de suas marcas e de outros ativos de direitos aurorais ou, ainda, realizar investimentos de capital no exterior para a aquisição de firmas existentes ou para a construção de uma nova fábrica no mercado-alvo.

Questões para revisão

1. Com base no "Quadro de indicadores de desempenho de países selecionados", reproduzido a seguir, no qual constam dados de Nova Zelândia, Costa Rica, Chile, Bélgica, Cingapura e Israel, indique o mercado mais adequado para cada um dos seguintes produtos brasileiros: automóveis, perfumes, fogões a gás e biquínis de alta moda. Justifique a indicação mediante referência aos fatores relevantes.

Quadro de indicadores de desempenho de países selecionados

Indicadores	Países					
	Nova Zelândia	Costa Rica	Chile	Bélgica	Cingapura	Israel
PIB	US$ 119 bilhões	US$ 52 bilhões	US$ 260 bilhões	US$ 397 bilhões	US$ 292 bilhões	US$ 217 bilhões
População	4,3 milhões	4,6 milhões	16,9 milhões	10,5 milhões	4,3 milhões	7,5 milhões
PIB *per capita*	US$ 28 mil	US$ 11,4 mil	US$ 15,5 mil	US$ 37,9 mil	US$ 28 mil	US$ 29,5 mil
Área	267.710 km^2	51.100 km^2	756.102 km^2	30.528 km^2	697 km^2	20.770 km^2
Exportações	US$ 33,2 bilhões	US$ 10 bilhões	US$ 64,3 bilhões	US$ 280 bilhões	US$ 351 bilhões	US$ 54 bilhões
Rodovias	93.911 km	35.330 km	80.505 km	152.256 km	3.356 km	18.096 km
Importação de óleo	0	48 mil barris/dia	311 mil barris/dia	1,1 milhões barris/dia	1,2 milhões barris/dia	319 mil barris/dia
Telefones celulares	4,7 milhões	2 milhões	16,5 milhões	12,4 milhões	6,6 milhões	9,1 milhões
Taxa de inflação	2,6%	5,8%	1,7%	2,3%	2,8%	2,6%
Dívida externa	US$ 64,3 bilhões	US$ 8,6 bilhões	US$ 84,5 bilhões	US$ 21,7 bilhões	US$ 22 bilhões	US$ 90 bilhões
Gastos com defesa	1% do PIB	0,6% do PIB	2,7% do PIB	1,3% do PIB	4,9% do PIB	7,3% do PIB
IDH	0,907	0,725	0,783	0,867	0,846	0,872

Fonte: Elaborado com base em CIA, 2013.

2. Com base no quadro anterior, escolha o mercado mais indicado para as armas de fogo leves (revólveres e pistolas) e para os aviões de treinamento militar, justificando a resposta mediante referência ao fator mais relevante para a sua escolha.

3. Assinale a alternativa correta:
   a. A estratégia de licenciamento é de baixos risco e investimento e de alto envolvimento.

b. A exportação digital (*e-commerce*) é usada somente em mercados de alto risco.

c. A exportação direta apresenta recursos e riscos mais elevados que uma *joint venture*.

d. A montagem no exterior é uma combinação de exportação e investimento direto.

e. A construção de planta no exterior é o modo mais flexível e de menor risco.

4. Assinale a alternativa correta a respeito das modalidades de exportação:

    a. A exportação digital (*e-commerce*) oferece maior risco comercial ao importador.

    b. A venda para a *trading company* permite à exportadora utilizar todos os benefícios.

    c. A exportação indireta é indicada para mercados fora do alcance da exportadora.

    d. A exportação direta é a modalidade de riscos comerciais e políticos mais elevados.

    e. A exportação por consórcio é o primeiro passo para a fusão das firmas participantes.

5. A empresa Snowball Skiwear Ltda. é uma indústria do sul do Brasil especializada em traje completo, jaquetas, calças e blusas para esquiar, produzidos em materiais de alta qualidade e *designs* de estilo de alta moda, posicionadas no segmento "alto luxo". Como se trata de uma empresa que já exporta para

a América do Norte e a Europa, qual é o mercado mais recomendável para o gerente de marketing internacional iniciar as negociações para conquistar as vendas no Hemisfério Sul?

a. Argentina: grande mercado próximo ao Brasil, com frete barato, tarifa zero (Acordo do Mercosul) e crescimento promissor nas estações de Bariloche e Las Leñas.

b. Chile: mercado próximo, de rápido crescimento, poder aquisitivo médio e mão de obra especializada para o turismo em cinco estações de esqui.

c. Nova Zelândia: o país é pequeno, com população de alta renda e escolaridade, mas com baixo movimento de turistas, tarifa elevada, grande distância e frete aéreo caro.

d. Austrália: com sete estações de esqui, apresenta pessoal especializado, alto poder aquisitivo, tendo como desvantagens a grande distância, a tarifa elevada e o frete aéreo caro.

e. Angola, já que o país experimenta grande crescimento e pistas de esqui artificiais estão sendo construídas para exploração do turismo de inverno.

capítulo 3
decisão de produto em marketing internacional

Conteúdos do capítulo

» O elemento "produto" do composto de marketing – seus processos e suas características.
» Estratégias para introduzir o produto no mercado internacional.

Após o estudo deste capítulo, você será capaz de:

1. compreender a composição do elemento "produto" do composto de marketing da empresa.
2. entender os fundamentos do processo de criação e do ciclo de vida do produto.
3. identificar os principais elementos de um produto, sob a ótica do marketing, incluindo embalagem e marca.
4. compreender as estratégias de produto para a entrada em mercados internacionais.

O composto de marketing reúne as quatro variáveis que o gerente pode controlar para elaborar sua proposta ao cliente da empresa. A primeira delas é o produto, que envolve não só a parte física em si, mas também um conjunto de atributos e serviços que atendem precisamente às necessidades e/ou aos desejos do usuário ou do consumidor. Neste capítulo, conheceremos o conceito, as dimensões, as categorias, a composição e as estratégias associadas ao primeiro "P" do *mix* de marketing: o **produto**.

3.1 Conceito de produto

Segundo Keegan e Green (2000), um produto pode ser definido com base em sua parte tangível, ou seja, por meio de suas características físicas – material, peso, dimensões etc. Nesse sentido, se tomarmos um automóvel como exemplo, suas características físicas poderiam ser descritas do seguinte modo: equipamento composto de 1.500 kg de metal e plástico, com o comprimento total de 4,8 m, largura de 1,9 m e altura de 1,5 m. No entanto, somente a parte física não define um produto, pois a forma como o consumidor o vê também deve ser levada em conta. Considerando-se os atributos percebidos, um automóvel seria um meio de transporte seguro e confortável, com assentos e encostos ajustáveis, motor potente e baixo consumo de combustível, baixo nível de ruído em seu interior, com um bagageiro amplo e autonomia de combustível para percorrer distâncias de até 1.000 km. O desafio do gerente de marketing internacional é conciliar interesses relacionados com essas definições: satisfazer as necessidades e os desejos de seus clientes de todos os continentes, que, cada vez mais exigentes, demandam a agregação de mais valor sem alterar significativamente o preço do produto, visualizando o produto sob a ótica do consumidor. Ao mesmo tempo, deve atender às demandas orçamentárias da empresa, visualizando o produto fisicamente, apoiando a redução do custo de materiais, de mão de obra e das despesas de comercialização, inclusive daquelas relativas ao pós-venda – assistência técnica, revisões, disponibilidade de peças de reposição, garantia de desempenho etc.

> **Um produto pode ser definido com base em sua parte tangível, ou seja, por meio de suas características físicas.**

3.1.1 Contexto do produto

O produto pode ser definido, sob a ótica da fabricação, como algo tangível, palpável, disponível – algo que serve para comer, usar, guardar e/ou transportar, já sob a ótica do marketing, como algo cujo objetivo é satisfazer os desejos e as necessidades do consumidor ou do usuário – ou, segundo Kotler (2004), como algo oferecido no mercado para aquisição ou consumo. Assim, o conceito para o marketing é mais abrangente, incluindo bens físicos, como armamento militar, cosméticos, eletrodomésticos, automóveis e outros veículos de transporte, petróleo e outros combustíveis, imóveis, alimentos e bebidas, joias; serviços, incluindo aluguel de imóveis, conserto de automóveis, passagens de ônibus e aéreas, consultas médicas e de psicanálise, hospedagem em hotéis e pousadas, cursos de formação profissional etc.; obras artísticas, como telas, gravuras, filmes, músicas, novelas, peças de teatro e esculturas; ideias, causas e ideologias, incluindo projetos arquitetônicos, planos de decoração, tratados, partidos políticos, religiões, clubes de futebol, empresas, organizações não governamentais (ONGs), defesa de causas ambientais; bens de alta tecnologia, como computadores, celulares, *smartphones* e *tablets*; direitos, incluindo seguro de vida, ações de companhias privadas, uso de *softwares* etc.

Há produtos tangíveis e intangíveis relacionados, que podem ser facilmente diferenciados, respectivamente, nos seguintes casos: aeronave e passagem aérea, livro e curso de treinamento, bola de futebol e jogo de futebol, conjunto de sala e decoração, telefone e telecomunicação, computador e *software*, refrigerante e bar, remédio e consulta médica, moeda em espécie e título de crédito.

Essa discussão certamente nos permite concluir que um produto pode ter uma parte tanto tangível quanto intangível na forma de um serviço associado. Se analisarmos a empresa Coca-Cola Company, podemos defini-la pelo líquido contido em um recipiente de vidro, alumínio ou plástico. Entretanto, há outros atributos que cumprem a função essencial do produto (saciar a sede) percebida pelo consumidor: a sensação refrescante ao bebê-la bem gelada ou a disponibilidade da bebida em vários locais acessíveis. Portanto, vejamos a seguir um conceito mais abrangente e as principais características de um produto.

> **Produto é a soma de todas as satisfações físicas e psicológicas que o comprador ou usuário recebe como resultado de sua compra e/ou uso.**

Na definição de Albaum, Strandskov e Duerr (1998), produto é a soma de todas as satisfações físicas e psicológicas que o comprador ou usuário recebe como resultado de sua compra e/ou uso; qualquer objeto físico, serviço, pessoa, local, evento, organização ou ideia oferecida num mercado para a satisfação de um desejo ou necessidade. O produto deve ser planejado e desenvolvido, e uma estratégia deve ser adotada para a sua distribuição até o consumo ou o uso final.

3.1.2 Dimensões do produto

Um produto apresenta diferentes versões ou dimensões, que podem ser analisadas quanto aos aspectos físicos da parte tangível e dos atributos intangívei. Suas dimensões, segundo Keegan (2006), são as seguintes: produtos núcleo, genérico, ampliado e potencial.

O **produto núcleo** é o objeto físico ou o serviço oferecido ao mercado-alvo, reconhecido como oferta da empresa, como um par de calçados (sem considerar usos e aplicações, material, estilo, modelo ou tamanho, marca ou nome). O **produto genérico** corresponde à utilidade ou ao benefício essencial, oferecidos ou procurados pelo comprador, como uma bebida – de cola, de guaraná, água mineral, água tônica, soda, limonada, laranjada etc. – que satisfaz a sede do consumidor. O **produto ampliado** é a totalidade dos benefícios que uma pessoa recebe ou experimenta ao obter determinado produto; por exemplo, compra-se um automóvel que atenda à necessidade de locomoção e a outros quesitos, como segurança, garantias, conforto, espaço, potência, assistência técnica, *status* (Mercedes-Benz) e exclusividade (Ferrari). Por sua vez, o **produto potencial**, poucas vezes citado, é um produto definido com base em pesquisas sobre desejos e sonhos de consumidores e está muito próximo de encantar as pessoas interessadas; é o caso, por exemplo, de um cruzeiro pelas ilhas da Grécia e de um DVD com músicas selecionadas ao gosto do cliente.

3.1.3 Classificação dos produtos

Os produtos podem ser classificados de acordo com os seus mais diversos atributos, levando-se em conta os aspectos descritos a seguir.

» **Materialidade**: mercadorias – tangíveis (matérias-primas: minérios, cereais etc.); serviços – intangíveis, variáveis, perecíveis, não armazenáveis, inseparáveis, diferenciados pelas qualidade, flexibilidade ou credibilidade (seguros, telecomunicações etc.); e mistos – mercadorias com serviços agregados (produtos farmacêuticos, alimentos, máquinas etc.).

» **Mercados em que são consumidos ou usados**: locais – potencial limitado a um único mercado, muito sensível ao ambiente cultural (adereços e alimentos regionais); internacionais – potencial limitado a alguns mercados, inclui produtos de alta tecnologia (*high-tech*) ou estilo (*high-touch*) etc.; e globais – consagrados na maioria dos mercados globais, marcas fortes que chegam a denominar a classe do produto.

» **Categorias de uso**: bens de capital – servem à produção de outros (equipamentos, máquinas etc.); bens de consumo duráveis – diferenciados por serviço, venda pessoal ou garantia (veículos, instalações etc.); bens de consumo não duráveis – consumo rápido, compra frequente, diferenciados pelo preço, pela disponibilidade ou pela comunicação (roupas, alimentos, cosméticos etc.).

» **Grau de agregação de valor**: produtos básicos – matérias-primas (minérios, petróleo etc.); intermediários – perfis de aço, peças e componentes etc.; e produtos acabados (móveis, veículos etc.).

» **Modalidade de aquisição:** bens de conveniência – consumidos de forma regular, o comprador os conhece bem e dedica pouco tempo e esforço para a compra (pasta de dente, papel higiênico, bolachas etc.); bens de preferência – cuja compra se dá por meio da comparação de preços, qualidade, estilo e outros aspectos (calças, camisetas, chapéus etc.); bens de especialidade – associados ao prestígio, ao *status*, à alta qualidade, à exclusividade (muitos são oferecidos em lojas exclusivas – joias, perfumes, obras de arte etc.); e bens não procurados – pouco conhecidos, de oferta restrita ou obtidos mediante a pesquisa por meio de canais específicos (jazigos, próteses etc.).

3.1.4 Hierarquia dos produtos

Qualquer produto que considerarmos está sempre relacionado a vários outros. Os níveis de hierarquia dos produtos abrangem desde as necessidades básicas até os itens particulares responsáveis pela satisfação das necessidades dos clientes, incluindo família de necessidade, família de produtos, classe, linha, tipo, marca e item de produto.

A **família de necessidade** representa a necessidade central que sustenta a existência de uma família de produtos (por exemplo, a saúde da família). A **família de produtos** envolve todas as classes de produtos que podem satisfazer uma necessidade central com razoável eficácia (por exemplo, poupança). A **classe de produtos** é um grupo de produtos dentro da família de produtos que têm reconhecidamente certa coerência funcional (por exemplo, ativos financeiros). A **linha de produtos** é um grupo de produtos dentro de uma classe de produtos que estão diretamente relacionados porque funcionam de maneira similar (por exemplo, seguro de vida). O **tipo de produto** é representado por unidades dentro de uma linha de produtos que compartilham uma ou diversas formas possíveis do produto (por exemplo, seguro de vida anual). A **marca de produto** é um nome associado a um ou mais itens da linha de produtos, usado para identificar a fonte ou o caráter dos itens (por exemplo, Gillette®). O **item de produto** é uma unidade distinta dentro de uma marca ou linha de produtos, que é identificada por tamanho, preço, aparência ou outro atributo (por exemplo, seguro de vida anual renovável da Companhia Porto Seguro).

Outros conceitos associados à hierarquia incluem o sistema de produto – um grupo de itens diferentes, mas que funcionam de maneira compatível (por exemplo, celulares que possuem funções ou acessórios como câmera fotográfica, fone de ouvido, carregador de bateria e capa protetora) – e o *mix* de produto – conjunto de todos os itens que a empresa vende, sendo composto de várias linhas de produtos (por exemplo, a Unilever dispõe de um *mix* de produtos agrupados em várias marcas e linhas de produtos com milhares de itens).

3.2 Desenvolvimento do produto e seu ciclo de vida

Uma empresa fortalece sua posição competitiva em determinado mercado ao desenvolver e lançar regularmente novos produtos em seu catálogo de ofertas. Muitas vezes, a empresa desenvolve um produto exclusivamente para **canibalizar**, isto é, eliminar um item de seu catálogo. Por exemplo: a Microsoft® está sempre aperfeiçoando o sistema operacional Windows®, substituindo a antiga versão por uma mais nova. Portanto, o desenvolvimento de novos produtos, além de ser uma forma de inovar no mercado, é também um modo de retirar de comercialização aqueles produtos cujas vendas já não respondem aos apelos da mensagem de propaganda nem às promoções de vendas criadas pelo marketing.

O desenvolvimento de novos produtos requer elevados investimentos de recursos financeiros, humanos, materiais e tecnológicos. O processo começa com a geração de inúmeras ideias, que são encaminhadas para a triagem; as ideias aprovadas são então submetidas a uma avaliação como um investimento, em que a viabilidade de retorno e a capacidade de produção são fatores preponderantes. Aprovado como um bom negócio, o projeto de produto passa à fase de **desenvolvimento**, quando a engenharia elabora e disponibiliza um protótipo. A fase seguinte é a de **teste de mercado** e, caso seja aprovado, o produto é finalmente **lançado no mercado preferencial da empresa**. Na indústria farmacêutica, segundo Albaum, Strandskov e Duerr (1998), de 10 mil preparações sintetizadas e testadas, somente um medicamento chega ao mercado.

> A empresa desenvolve um produto exclusivamente para canibalizar, isto é, eliminar um item de seu catálogo.

3.2.1 Ciclo de vida do produto

Os produtos, assim como as pessoas, possuem um ciclo de vida. Desde a introdução até a retirada do mercado, um produto passa por diversos estágios e diferentes condições concorrenciais. Conforme Keegan e Green (2000), esses estágios são: introdução, crescimento, maturidade e declínio (Figura 3.1).

» **Introdução** – É o período de lançamento do produto no mercado. O crescimento de vendas é lento e os lucros quase não existem em função dos elevados custos de lançamento. Por exemplo: DVD *player*, parques temáticos etc.

» **Crescimento** – É o período de rápida aceitação no mercado, vendas crescentes e de melhoria substancial do lucro. Por exemplo: computadores pessoais, internet etc.

» **Maturidade** – É o período de queda no crescimento das vendas, uma vez que o produto conseguiu aceitação pela maioria dos clientes potenciais. É o momento em que os lucros se estabilizam ou diminuem em decorrência do crescimento dos gastos com promoção, para defender o produto da concorrência; as vendas também podem cair. Por exemplo: automóveis, *video games*, cervejas etc.

» **Declínio** – É o período em que as vendas do produto experimentam fortes quedas e os lucros desaparecem. Por exemplo: videocassetes, gravadores de fita de rolo etc.

Figura 3.1 – Ciclo de vida do produto

Gráfico com eixo vertical "Vendas" e eixo horizontal "Tempo", mostrando uma curva dividida nas fases: Introdução, Crescimento, Maturidade, Declínio.

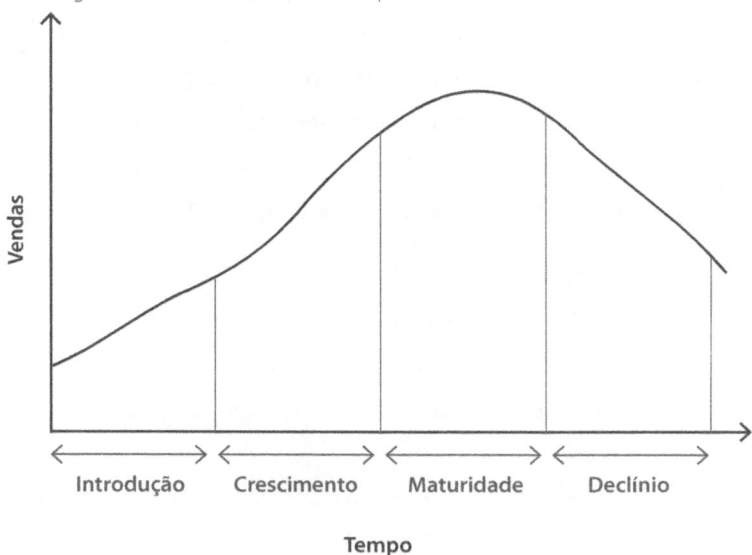

O reconhecimento do estágio no qual o produto se encontra implica o desenvolvimento de estratégias específicas. Por exemplo: se o produto está sendo introduzido no mercado, as estratégias utilizadas são as de extensão, que visam ao aumento na participação do mercado já existente e à conquista de novos mercados. Em geral, **a decisão de preço é a mais complexa**, pois os investimentos de promoção nessa fase são muito elevados e devem ser compensados com lucros em tempo razoável para garantir o retorno esperado da empresa.

3.2.2 Ciclo de comércio do produto

É importante complementarmos o estudo do ciclo de vida do produto com o modelo do ciclo de comércio do produto internacional, que descreve as relações entre o ciclo de vida útil do produto, o comércio e o investimento. De acordo com Keegan e Green (2000), esse modelo descreveu com precisão as alterações nos padrões do comércio e da localização da produção da indústria têxtil e de aparelhos eletrônicos, entre outras, no período de 1950 até meados de 1970 (Figura 3.2).

Segundo esse modelo, as empresas dos países avançados (de alta renda e consumo de massa), que investem em pesquisa e desenvolvimento, em um primeiro momento desenvolvem e introduzem novos produtos no mercado; com o aumento da escala de produção e saturado o mercado doméstico, passam a exportar para os países em desenvolvimento.

Com o passar do tempo, o aumento do consumo nos países em desenvolvimento viabiliza os investimentos em novas plantas, fora do país de origem, visto que a produção doméstica estimula o consumo do produto, em geral a um preço mais baixo, em razão do menor custo de mão de obra nessas nações (em desenvolvimento). Em pouco tempo, já no ciclo de maturidade do produto, esses países tornam-se exportadores para os países mais desenvolvidos (que não podem competir com os preços dessas nações que empregam mão de obra mais barata) e para os menos desenvolvidos.

Avançando no estágio de maturidade, a tecnologia é difundida para os países em desenvolvimento, que, experimentando um aumento nas importações, investem em fábricas locais e, com base no custo de mão de obra mais baixo que aquele das nações em desenvolvimento, acabam se tornando exportadores globais.

Portanto, para esses produtos, os países avançados começam exportadores na fase de introdução (lançamento) e acabam se tornando importadores no estágio de maturidade do produto, sendo a produção deslocada inicialmente para nações em desenvolvimento (as economias emergentes) e, em seguida, para as menos desenvolvidas.

Esse ciclo será inevitável se o produto não mudar e a tecnologia for gradativamente assimilada. Por esse motivo, as empresas dos países adiantados são obrigadas a introduzir continuamente novos produtos, pois só os inovadores poderão seguir por fora do ciclo internacional de comércio.

Figura 3.2 – Ciclo de comércio do produto internacional – abordagem em cascata

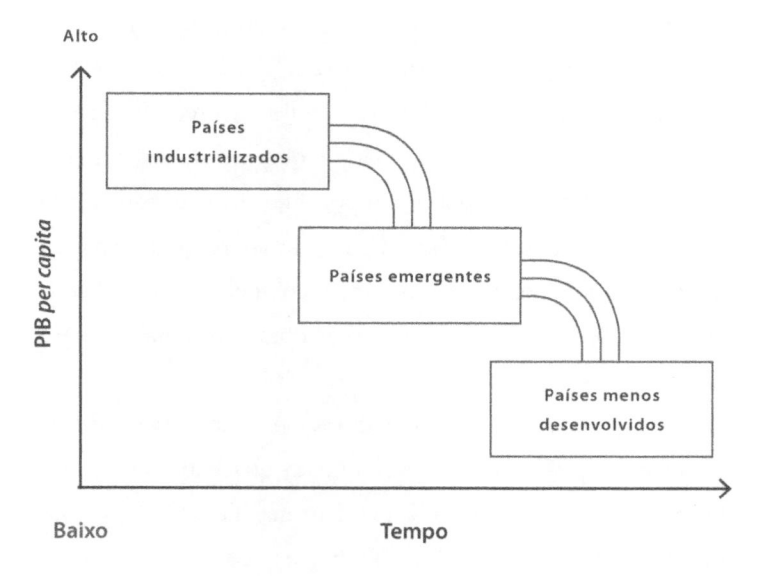

Fonte: Elaborado com base em Keegan; Green, 2000, p. 43.

3.3 Componentes do produto

Um produto é composto de diversos atributos e de várias características, de acordo com a sua própria natureza. Esses componentes englobam desde as características técnicas (especificações) e físicas (recipiente, embalagem, etiqueta) do produto até os elementos que atendem às necessidades do consumidor e fazem com que este o compre (atendimento, manual de instruções, assistência técnica, benefícios e valor que o consumidor tem do produto – sentimento que este traz quando é utilizado etc.). Veja, a seguir, essas características e atributos em mais detalhe.

» **Especificações**: características intrínsecas – destino básico, outros usos, propriedades físicas e químicas, acionamento, carga, qualidade etc. Por exemplo: aparelhos de barbear, lavadoras de roupas, frutas, bebidas, lã de aço, aeronaves e gasolina.

» **Dimensões**: tamanho, capacidade ou volume. Por exemplo: roupas e refrigerantes.

» **Marca**: nome que agrega valor. Por exemplo: McDonald's® (atendimento rápido) e relógios da marca Omega (estilo e prestígio).

» **Modelo**: versões para segmentos específicos. Por exemplo: automóvel (popular, médio, utilitário, de luxo etc.) e calças (masculina, feminina, infantil etc.).

» **Recipiente**: material que envolve a unidade do produto núcleo. Por exemplo: lata e garrafa de refrigerante (alumínio, vidro ou plástico).

» **Embalagem**: funções de proteção, informação, conservação, propaganda. Por exemplo: a marca de sabão em pó Omo dispõe as letras de forma simétrica na embalagem, como dois grandes olhos a procurar o cliente.

» **Etiqueta**: logotipo para estabelecer distinção. Por exemplo: camisas da marca Lacoste.

» **Garantias**: aumento da confiabilidade em relação aos defeitos que venham a ter os produtos. Por exemplo: aparelho de TV Mitsubishi (garantia de 5 anos).

» **Atendimento**: fator de diferenciação nas fases pré, durante e pós-venda. Por exemplo: Unibanco 30 horas (agência, gerente exclusivo, caixa automático, *home banking*).

Numa abordagem a respeito de bens de consumo, Avaro (2001) distingue como principais elementos do produto: o produto físico, os atributos, a apresentação e a marca. O **produto físico** em si é caracterizado como o produto núcleo, sendo o principal elemento que sofre modificações ou adaptações em seus atributos, de modo que possam atender a diferentes necessidades e gostos de seus consumidores e usuários. Os **atributos** são as qualidades intrínsecas, características essenciais que distinguem um produto do outro. Esses atributos incluem a cor, o sabor, as dimensões, o *design*, o estilo, os materiais, o rendimento, as formas e condições de uso, entre outros fatores. Já a **apresentação** corresponde ao recipiente, à embalagem e ao serviço de pós-venda, entre outros aspectos. A seguir, veremos em mais detalhes alguns desses elementos.

3.3.1 O que é recipiente?

Recipiente é a embalagem unitária do produto, encarregada de protegê-lo e envolvê-lo, conferindo-lhe uma apresentação atrativa e higiênica. Além de servir como uma forma de atrair a atenção do consumidor e de promover a marca e o produto, o recipiente identifica a empresa produtora, as autorizações e as licenças legais, informa o conteúdo do produto, facilita o seu uso, seu emprego, seu transporte e a sua manipulação. Os dados mínimos que devem constar no recipiente, em seu rótulo ou sua etiqueta, são: fabricante ou exportador, marca, origem, composição, pesos e medidas, data de elaboração ou de embalagem, prazo de validade, registros sanitários ou de controle, importador e/ou distribuidor, código de barras e outros, conforme especificado em dispositivos legais.

3.3.2 O que é embalagem?

Embalagem é o agrupamento de produtos unitariamente envasados, que tem por finalidade proteger – por meio de rigidez e acondicionamento resistente a roubos, avarias, mudanças de clima etc. – o produto durante todas as operações de transporte e manipulação, de maneira que este chegue aos canais de distribuição sem sofrer deterioração ou perda de volume. Pode ser múltipla e/ou de transporte, quando utilizada para unitizar cargas (paletes, contêineres etc.), e deve ser marcada de forma legível, indelével e facilmente visível, sem, no entanto, identificar o conteúdo.

Desse modo, as embalagens têm funções econômicas – conferindo ao produto aparência de qualidade superior – e mercadológicas (por exemplo, em relação ao efeito visual e ao cumprimento de normas). No ponto de venda, além de proteger e identificar o produto, elas ajudam a promovê-lo, atraindo o olhar do consumidor e fazendo com que este sinta desejo de comprar a mercadoria.

3.3.3 O que é marca comercial do produto?

Marca, segundo Avaro (2001), pode ser uma letra, uma palavra, um grupo de palavras, uma designação, um sinal, um símbolo ou uma combinação desses itens, devidamente registrada em órgão competente, que identifica os produtos e/ou serviços e os diferencia da concorrência. Ela deve ser fácil de ser lembrada e inconfundível, além de ter linguagem universal, com o mesmo significado em qualquer idioma. Algumas empresas registram várias marcas para o seu produto (por exemplo: na Argentina, o sabão em pó Omo recebe a marca Ala); outras, porém, têm uma só marca para o item e a família de produto e, até mesmo, para toda a empresa, como a Electrolux. As marcas podem ser de produtores, agentes, exportadores, distribuidores ou varejistas, servindo para distinguir e comparar produtos.

A marca também reflete os valores e/ou os atributos que a empresa quer transmitir por meio do produto, como: benefícios, qualidade, durabilidade, preço, exclusividade, personalidade, associando a marca a pessoas, cultura ou identidade nacional; desempenho ou segurança; tipos de usuários ou associação a grupos; *status*. A marca valoriza o produto, e o valor agregado por ela pode ser estimado com base na lembrança

> Algumas empresas registram várias marcas para o seu produto.

realizada pelo consumidor, na aceitabilidade sem resistência, na preferência por comparação, na lealdade ou na exclusividade e na qualidade ou no valor percebidos. Por essa razão, as empresas registram e protegem as suas marcas. No Quadro 3.1 podemos conferir algumas das marcas globais com maior valor no mercado.

Quadro 3.1 – Marcas globais mais valiosas de 2012

	Marca e país	Setor	Valor (US$ bilhões)		Marca e país	Setor	Valor (US$ bilhões)
1	Coca-Cola (EUA)	Bebidas	77,389	11	Mercedes-Benz (Alemanha)	Automotiva	30,097
2	Apple	Tecnologia	76,568	12	BMW (Alemanha)	Automotiva	29,052
3	IBM (EUA)	Serviços de negócios	75,532	13	Disney (EUA)	Mídias	27,438
4	Google (EUA)	Tecnologia	69,726	14	Cisco (EUA)	Serviços de negócios	27,197
5	Microsoft (EUA)	Tecnologia	57,853	15	HP (EUA)	Eletrônica	26,087
6	GE (EUA)	Diversificado	43,682	16	Gillette (EUA)	Bens diários	24,898
7	McDonald's® (EUA)	Restaurantes	40,062	17	Louis Vuitton	Luxo	23,577
8	Intel (EUA)	Tecnologia	39,385	18	Oracle (EUA)	Serviços de negócios	22,126
9	Samsung (Coreia do Sul)	Tecnologia	32,893	19	Nokia (Finlândia)	Eletrônica	21,009
10	Toyota (Japão)	Automotiva	30,280	20	Amazon (EUA)	Serviços de internet	18,625

Fonte: Elaborado com base em Interbrand, 2013.

Um elemento de grande importância no momento de agregar valor a um produto é o *design*, que consiste na combinação de arte e ciência aplicada para melhorar a estética, a ergonomia e a usabilidade de um produto ou sistema de produtos. Ao se pensar em como será o *design* de determinado produto, são levados em consideração vários fatores, como os custos de produção, o modo como será feito o marketing, as dimensões físicas, como deverá ser feita a manutenção, as necessidades e as preferências (cor, sabor, estilo, entre outras), os materiais que deverão ser utilizados em sua fabricação, o ambiente e a forma de uso, os aspectos legais, sanitários e fitossanitários, de segurança e técnicos.

Os elementos de pós-venda também são uma forma de se agregar valor ao produto ou à marca de uma empresa. Eles incluem garantia, rastreamento da entrega em trânsito, assistência técnica de montagem, instalação e operação, disponibilidade de peças de reposição, manutenção etc.

3.4 Estratégias de produto em marketing internacional

A estratégia de produto está relacionada ao **composto de produto** (um dos elementos do *mix* de 4 Ps), que corresponde à variedade de produtos oferecida para a venda e inclui a linha de produtos (grupos de produtos intimamente relacionados, vendidos aos mesmos clientes e que satisfazem as mesmas necessidades ou são utilizados em conjunto) da empresa. Como exemplo, podemos citar uma empresa de alimentos que mantém linhas de café solúvel, sorvetes, sucos naturais, achocolatados, balas e confeitos. Portanto, o item é a versão específica do produto. Por exemplo, a Unilever mantém várias marcas no mercado, sendo a Kibon a marca que cobre todos os sorvetes da companhia, ou seja, os itens da linha, que são oferecidos em diversos sabores e embalagens distintas (copo, cone, palito etc.), incluindo Cornetto, Frutilly, Fruttare, Kibon Carioca, Kibon Napolitano, Magnum Clássico e Multipack Fruttare.

As empresas buscam o equilíbrio entre o crescimento, a estabilidade de vendas e os lucros obtidos com suas linhas de produtos. Nesse intento, as organizações sempre buscarão ações estratégicas que permitam sustentar os produtos existentes – conquista de novos mercados ou aumento de participação nos mercados atuais –, diversificá-los, lançando novos produtos ou reduzindo as linhas e, até mesmo, descartar alguns já existentes caso seja necessário. A Coca-Cola, no Brasil, retirou de sua linha de produtos a garrafa de vidro de 350 ml e a *Cherry Coke*, e lançou a embalagem PET de 1,5 l. Quando o preço do petróleo disparou no mercado, a garrafa de vidro foi relançada como um sucesso de vendas no início da década passada.

> As empresas buscam o equilíbrio entre o crescimento, a estabilidade de vendas e os lucros obtidos com suas linhas de produtos.

3.4.1 Estratégias de produto para mercados globais

De acordo com Avaro (2001), as estratégias básicas de produto que visam à conquista de mercados globais abrangem a segmentação de mercado e o foco em segmento específico, bem como a diferenciação do produto e o posicionamento deste na mente do consumidor por meio de campanhas de comunicação.

A **segmentação de mercado** consiste em agrupar ou dividir o mercado em segmentos ou nichos específicos. Os segmentos de mercado são, segundo Keegan e Green (2000), extensos grupos de países ou de consumidores individuais com gostos, hábitos de compra e outros atributos homogêneos, que devem ser mensuráveis, acessíveis, diferenciáveis, substanciais e operacionalizáveis. A segmentação pode ocorrer de acordo com um ou mais dos seguintes critérios básicos:

» **Geográfico** – Considera-se a região, o país ou o bloco econômico. Por exemplo: países escandinavos – Noruega, Suécia e Finlândia; países da Comunidade Andina: Bolívia, Colômbia, Equador e Peru.

» **Demográfico** – Levam-se em conta o sexo, a idade, a renda *per capita*, a religião ou o idioma. Por exemplo: países de língua inglesa – Reino Unido da Grã-Bretanha e Irlanda do Norte, Estados Unidos da América, Austrália, República da Irlanda, Nova Zelândia e Canadá; geração *"teen"*, pessoas de 12 a 19 anos de idade, de estilo de vida dinâmico, interessadas em moda e música.

» **Psicográfico** – É definido segundo os valores, as atitudes e os estilos de vida, sendo identificado, em geral, por meio de pesquisa exploratória. Por exemplo: os *"yuppies"* (derivação da sigla YUP – *Young Urban Professional*), jovens profissionais urbanos, entre os 20 e os 40 anos de idade e de situação financeira intermediária (de classe média a alta), com formação universitária, trabalhando em suas profissões de formação e seguindo as últimas tendências da moda.

» **Comportamental** – Considera-se a maneira como as pessoas compram e usam o produto, quanto o usam e com frequência. Por exemplo: a intensidade de uso do produto pelo consumidor distingue os leves, os médios e os pesados e também os ex-consumidores, os não consumidores, os potenciais e os não potenciais consumidores; por outro lado, segundo a ótica do tempo de adoção e compra de novos produtos, há os inovadores (logo que veem um produto novo o consomem), os adotantes imediatos (seguidores dos inovadores), a maioria inicial (consome o produto já com certo tempo no mercado e após determinada divulgação), a maioria tardia (consome após ampla divulgação e razoável tempo no mercado) e os conservadores (os últimos a consumir, depois de consolidado o mercado).

A **estratégia de segmentação** requer que a empresa ofereça um produto conceitualmente distinto dos outros, com adaptações que o tornem competitivo no segmento de mercado selecionado – portanto, aceitável pelos consumidores. Trata-se de **adaptar o produto ao mercado**. Uma versão comum dessa estratégia é o marketing de nicho. Um nicho de mercado corresponde a um pequeno segmento representado por um grupo menor de consumidores, que procura uma combinação especial de benefícios. Tomemos como exemplo os usuários de roupas sociais exclusivamente brancas – que inclui o pessoal da área de saúde (médicos, enfermeiros, fisioterapeutas, entre outros) – e os colecionadores de camisetas de clubes de futebol. Objeto da estratégia competitiva de foco no mercado, a segmentação requer que a empresa se especialize em um nicho, adaptando seus produtos às exigências dos consumidores (hábitos de compra, gostos, costumes etc.), diferenciando-os da oferta dos concorrentes, mudando seus principais atributos por meio de altos investimentos e com baixo custo de promoção.

A **estratégia de diferenciação competitiva** consiste em projetar um conjunto de diferenças significativas que permita distinguir o produto de seus concorrentes. As variáveis de diferenciação incluem, entre outras, a excelência operacional, a intimidade com o consumidor e a liderança de produto. Os apelos geralmente expressam o atributo de diferenciação – segurança, preço, rapidez, entre outros. Nesse caso, **adapta-se o mercado ao produto**, que é vendido da mesma maneira em todos os mercados, sem mudar o produto núcleo nem os atributos principais. Na realidade, o consumidor é que se adapta ao produto, o qual apresenta custo zero de adaptação, mas requer altos investimentos em propaganda e promoção para educar o indivíduo a usá-lo, comprá-lo etc. As áreas de diferenciação mais comuns são: as características do produto (desempenho, conformidade, estilo, *design*, durabilidade, reparabilidade, confiabilidade etc.); pessoal de atendimento e vendas (competência, comunicação, confiabilidade, orientação, cortesia, credibilidade etc.); serviço (atendimento, entrega, instalação, treinamento, conveniência, consertos, crédito etc.); e imagem (marca, símbolo, mídia, eventos, atmosfera, recomendações de uso etc.).

O **posicionamento do produto no mercado** corresponde ao espaço que o produto ocupa na mente do consumidor, levando-se em conta os atributos e os benefícios oferecidos. Nessa estratégia de comunicação, são explorados os atributos, os benefícios ou as características particulares do produto – qualidade e preço, uso e usuário, avanço tecnológico de produtos de alta tecnologia ou de alto luxo. Esse tipo de estratégia é utilizado por empresas como a Volvo (automóveis robustos, duráveis e seguros) e o McDonald's® (foco no atendimento ao cliente). A vodca finlandesa Absolut, por exemplo, tem como apelo a alta qualidade, e os cigarros Marlboro procuram focar o estilo de vida do usuário (no caso, era representado pela figura do *cowboy*). Os produtos "inesquecíveis" (*high-touch*) incluem, por exemplo, um cruzeiro às ilhas da Grécia, o automóvel Mercedes-Benz, a caneta Montblanc, o relógio de ouro Rolex e a bolsa Louis Vuitton.

A experiência tem registrado que o posicionamento de produtos de determinados países pode resultar em identidade nacional, como ocorreu com a precisão dos relógios suíços, a praticidade dos eletrodomésticos dos EUA, o sabor incomparável dos alimentos de países latino-americanos, a alta qualidade da eletrônica japonesa e da engenharia alemã, bem como a moda de verão de biquínis apresentados a cada temporada nos eventos de alta moda muito concorridos no Rio de Janeiro e em São Paulo. Entretanto, tal fato pode pesar desfavoravelmente, como no caso da associação de baixa qualidade às cópias chinesas de produtos globais, ou da aversão ao mundo capitalista exacerbada pelos consumidores de países comunistas ou, também, dos motivos religiosos expostos por agravos direcionados ao povo dos EUA e de Israel nos países muçulmanos.

3.4.2 Estratégias de produto e comunicação na exportação

No processo de expansão das empresas por meio do comércio exterior, os produtos podem ser exportados do mesmo modo como são vendidos no mercado doméstico ou podem agregar atributos diferenciados, de forma que possam concorrer nos mercados mais acirrados com os produtos de outras companhias globais em que o mercado é mais agressivo. De maneira abrangente, segundo Albaum, Strandskov e Duerr (1998), a estratégia para a internacionalização de um produto é selecionada entre as seguintes opções:

» **Extensão** – Ocorre a venda do mesmo produto, com a mesma mensagem em mercados similares, sem alteração do composto, procurando-se tirar vantagens das semelhanças destes. É aplicável à exportação de novelas e programas de televisão, serviços e alimentos do Brasil para Portugal, países de mesmo idioma e de gostos semelhantes. Com enorme apelo para as empresas globais, a Pepsico e a Gillette® são exemplos de empresas que utilizam essa estratégia.

» **Adaptação do produto** – Os produtos sofrem alterações para que possam atender às exigências legais, culturais, especiais etc. dos novos mercados, sem alterar a campanha de propaganda. Por exemplo: os produtos alimentares destinados ao Japão têm informações em japonês e as embalagens não podem ser brancas (cor associada à morte).

» **Adaptação da comunicação** – Trata-se de promover o produto para usos adicionais, atendendo a necessidades ou desejos diferentes, conforme as demandas dos consumidores dos novos mercados, portanto explorando as diferenças entre funções, necessidades ou segmentos. Por exemplo: a bicicleta de passeio, em alguns países, é veiculada como um meio de transporte individual para ir à escola ou ao trabalho; outro caso é o do sabão em pó Omo, que, na Argentina, mudou a marca para Ala, visto que "homo" é a maneira vulgar como os homossexuais são tratados no país.

» **Dupla adaptação** – Os produtos são adaptados de acordo com o mercado e criam-se novas estratégias de comunicação para atender a necessidades, desejos e percepções diferentes. É uma estratégia que busca dar atenção às diferenças de ambientes e às preferências dos consumidores, típica de companhias multinacionais em que as subsidiárias locais usufruem de grande autonomia. Por exemplo: a Unilever vende um amaciante que apresenta sete marcas em dez países da Europa e em diversos modelos de frascos.

» **Invenção** – É a venda de um novo produto aumentando-se o valor percebido por um preço competitivo para se ajustar ao poder aquisitivo ou à legislação do país, entre outros fatores externos típicos dos mercados globais. Por exemplo: nos países islâmicos, é proibida a fabricação de cerveja com álcool; em países menos desenvolvidos, como Bolívia e Equador, os computadores devem ter uma versão básica, popular.

Dessa forma, percebemos o quanto são importantes as variáveis apresentadas anteriormente em relação a um produto e à empresa que o fabrica, pois cada mercado terá um determinado produto, sendo possível usar em alguns mercados o mesmo produto e, em outros, produtos diferentes.

Para saber mais

EVENTO EM FOCO. *Lanches do McDonald's® que nunca veremos no Brasil*. São Paulo, 2009. Disponível em: <http://eventoemfoco.wordpress.com/2009/06/10/pensar-globalmente-e-agir-localmente-lanches-do-mcdonalds-que-nunca-veremos-no-brasil>. Acesso em: 22 jan. 2013.

A rede de restaurantes McDonald's® é uma companhia global que tem como filosofia o "pensar globalmente e agir localmente" e que apresenta uma estratégia global de marketing bem definida: o *mix* de marketing em cada país (em especial, a linha de produtos) é desenhado levando-se em conta a cultura e as características locais. Isso explica, por exemplo, o fato de haver vários lanches comercializados em outros países que não são vendidos no Brasil. Ao ler esse artigo, você poderá conhecer alguns produtos que foram adaptados pela empresa para alguns países em caráter de exclusividade.

HEMZO, M.; NAKAGAWA, S.; QUEIROZ, M. Sandálias Havaianas: estratégia de internacionalização. In: SEMINÁRIOS EM ADMINISTRAÇÃO, 9., 2006, São

Paulo. *Anais...* São Paulo: Universidade de São Paulo, 2006. Disponível em: <http://www.ead.fea.usp.br/semead/9semead/resultado_semead/ trabalhosPDF/218.pdf>. Acesso em: 22 jan. 2013.

Esse artigo trata dos aspectos integrantes do processo de internacionalização de produtos e traz como exemplo o caso das sandálias Havaianas, que, depois de uma perda significativa de mercado, por meio do reposicionamento conseguiu recuperar seu prestígio, tornando-se uma marca global de sucesso.

MCCARTHY, J.; PERREAULT JUNIOR, W. *Marketing essencial*. São Paulo: Atlas, 1997.

Essa obra é um texto básico essencial para os cursos de MBA em marketing e outras áreas da administração de empresas. Além de ser didática, apresenta linguagem simples, exercícios e casos empresariais atuais. A divisão do conteúdo é eficiente, permitindo a visão do todo, sem deixar de lado visões detalhadas de itens específicos. Destaque para Eugene Jerome McCarthy, o criador do *mix* de marketing dos 4 Ps.

Síntese

Neste capítulo, tivemos a oportunidade de conhecer – ou relembrar – o conceito e as dimensões do produto sob a ótica do marketing, ou seja, da forma como é percebido pelo consumidor. Foi possível recordarmos que serviços, cidades, eventos, ideias, garantias, lojas, além de objetos tangíveis, bens de uso pessoal, máquinas, equipamentos, veículos etc. configuram o que se denomina *produto*. Portanto, quando falamos em *produto*, considerando o composto de marketing, estamos nos referindo aos bens e aos serviços. Além disso, tendo em vista que o foco de nosso estudo é o marketing internacional, apresentamos discussões em torno da integração dos mercados internacionais, da internacionalização das empresas e das estratégias necessárias para a conquista do mercado internacional.

Não há como garantir o retorno para os investimentos necessários para preparar os produtos e cruzar mares e oceanos para oferecê-los a clientes exigentes e, muitas vezes, de gostos e preferências tão diferentes dos brasileiros. Contudo, o sucesso na conquista desses mercados depende da estratégia mais adequada de posicionamento do produto, inclusive da decisão relacionada à combinação produto-comunicação. O gerente de marketing internacional tem à sua disposição, como vimos, a extensão, a adaptação do produto ou da comunicação ou a dupla adaptação (de ambas as variáveis), bem como a inovação.

Questões para revisão

Leia o texto a seguir.

> A Confecções Summertime Ltda. é uma empresa brasileira que atua na linha de moda praia e concentra sua produção na fabricação de biquínis de estilo tropical, com decotes e cavas discretas, estampados com cores fortes, e disponíveis em três tamanhos (pequeno, médio e grande). Fabricados nos modelos "maiô de duas peças", "tomara que caia", "tanga" e "fio dental", os preços no varejo variam de US$ 80 a US$ 150 por peça. Atualmente, a empresa tem demonstrado grande interesse em exportar seus produtos para os mercados da Costa Leste

dos EUA, tendo como pontos de distribuição Nova Iorque e Miami. Para expandir o seu mercado, a empresa precisa tomar importantes decisões a respeito do composto de produto, uma vez que há diferenças ambientais entre o mercado-alvo e o brasileiro.

Para analisar a viabilidade de expandir a confecção internacionalmente, o gerente de marketing internacional levantou algumas informações relevantes sobre o mercado estaduridense para discutir com a sua equipe de trabalho:

» O segmento de mercado a ser conquistado é o de mulheres de 16 a 40 anos de idade, compatível com o do mercado brasileiro.

» A altura média das mulheres do mercado-alvo é dez centímetros superior à média das brasileiras com a mesma idade.

» As medidas médias de busto e de cintura das mulheres do mercado-alvo são: 81 a 107 cm de busto e 89 a 114 cm de cintura.

» Nesse contexto, aproximadamente 60% das mulheres estão com o peso bem acima do normal, e mais de 30% já são consideradas obesas.

» As mulheres do mercado-alvo têm preferência por biquínis nas cores azul, vermelha e verde, diferentemente das brasileiras, que preferem as cores amarela, verde e vermelha

Agora, tendo como base o texto anterior, responda às questões 1 e 2, analisando a situação da empresa Confecções Summertime Ltda.

1. Considerando-se as diferenças de biótipo entre as mulheres brasileiras e as estadunidenses, quais sugestões podem ser dadas sobre os tamanhos dos biquínis estampados em cores vivas da firma Confecções Summertime Ltda. a serem comercializados na Costa Leste dos EUA? Justifique a sua resposta.

2. Suponha que a Summertime disponha de uma linha de maiôs, biquínis e sunquínis nos modelos de duas peças – "tanga", "fio dental", "tomara que caia" – e de peça única – "retrô". Sabedor da elevada incidência de mulheres jovens acima do peso no mercado dos EUA – 62,3% consideradas gordas, entre as quais 37,2% são ditas obesas mórbidas – e da grande preferência por produtos do Rio de Janeiro, qual é a estratégia de produto e comunicação a ser adotada nesse mercado, com relação aos modelos e aos números (medidas)? Justifique a sua resposta.

3. Uma indústria de bicicletas de São Paulo pretende exportar para países do norte da Europa. Diferentemente do Brasil, onde a bicicleta está associada principalmente ao lazer, naquele continente, costuma-se utilizá-la como um meio de transporte individual para ir ao trabalho ou à escola. Além disso, o europeu possui um porte mais avantajado se comparado ao brasileiro. Com base nessas informações, assinale a alternativa correta sobre a estratégia combinada recomendável de produto e comunicação:

a. A estratégia de adaptação da comunicação é a alternativa mais correta.
b. Para evitar a elevação dos custos, a extensão direta é a estratégia mais recomendável.
c. A melhor é a adaptação dupla – produto reforçado e mensagem como veículo pessoal.
d. A estratégia indicada é a inovação, na qual os produtos criados são exclusivos para o mercado europeu.
e. A estratégia recomendável é a adaptação do produto, mantendo-se a comunicação.

4. Assinale a alternativa correta sobre os itens do cardápio dos restaurantes McDonald's®:
    a. O Big Mac é o produto de aceitação sem restrições em todos os mercados globais.
    b. A Coca-Cola é o produto de maior aceitação do cardápio da companhia.
    c. As batatas fritas representam o item de aceitação global da companhia.
    d. A companhia não oferece cerveja e vinho nos restaurantes do mundo inteiro.
    e. Na Índia, o Big Mac é adaptado com substituição da carne bovina por suína.

5. Assinale a alternativa correta sobre as sandálias Havaianas:
    a. As Havaianas apresentam vantagem competitiva de custo nos mercados globais.

b. Nos países do Oriente Médio, a cor preferencial é a verde, pois ela é a cor do Islã.
c. As sandálias para o norte da Europa têm tamanho maior que as vendidas no Brasil.
d. Em razão das características técnicas e da marca registrada, as Havaianas não têm imitações.
e. As sandálias totalmente brancas são as de maior preferência no mercado do Japão.

capítulo 4
decisão de preço em mercados internacionais

Conteúdos do capítulo

» A composição do preço de venda e as tributações.
» A desoneração fiscal nas exportações.
» A política de preços.

Após o estudo deste capítulo, você será capaz de:

1. descrever a composição do preço de venda e da tributação das transações domésticas.
2. compreender a composição do preço de venda nos canais de varejo dos mercados internacionais.
3. identificar os fatores de desoneração fiscal e formação do preço de venda de exportação.
4. compreender a formulação da política de preço de exportação, descontos, pagamento antecipado, pré-financiamento e vendas financiadas.

O preço de um produto ou serviço é a soma do valor monetário dos custos de produção e do valor imputado aos atributos do produto com potencial de satisfazer os desejos do cliente. Valor é, nesse contexto, o equivalente em moeda corrente da qualidade e de outros benefícios percebidos pelo consumidor na oferta total da empresa em relação à proposta dos concorrentes. Para um automóvel, por exemplo, o valor inclui o baixo consumo de combustível e o nível de ruído, o espaço no bagageiro e o conforto dos bancos dianteiros e traseiros, o preço alcançado na revenda após dois anos de uso, as revisões gratuitas, o baixo custo de manutenção, uma grande rede de assistência técnica e a disponibilidade de peças de reposição, a resistência em caso de choque, a potência do motor e de tração, o tempo de aceleração para atingir determinada velocidade, a sensação de pertencer a um grupo distintivo de proprietários do modelo etc.

Na economia de uma nação, o preço de um produto tem influência sobre os ordenados, os aluguéis, os juros e os lucros, que são reajustados segundo a taxa de inflação oficial divulgada mensalmente. A inflação é a variação generalizada nos preços de produtos e serviços, sendo calculada pela variação dos preços médios pesquisados de certos produtos e serviços consumidos pelas famílias de dado nível de renda. Ela funciona como um regulador básico do sistema econômico, pois influencia a distribuição de receita aos fatores de produção – trabalho, terra, capital e iniciativa. Como distribuidor de recursos, o preço determina o que será produzido (oferta) e quem comprará as mercadorias e os serviços (demanda).

> A percepção dos consumidores sobre a qualidade do produto está diretamente associada ao preço.

A maioria dos consumidores é bastante sensível ao preço; entretanto, há outros fatores que são levados em consideração no momento da compra, como a imagem da marca, a localização do ponto de venda, o serviço, a qualidade e outros benefícios proporcionados pelo produto ou serviço de uma empresa. A percepção dos consumidores sobre a qualidade do produto está diretamente associada ao preço: quanto mais alto o preço, maior a percepção da qualidade; quanto mais baixo o preço, maior a desconfiança quanto à baixa qualidade do produto.

De acordo com Dolan e Simon (1998), para entender o papel estratégico do preço, o gerente de exportação deve considerar o preço nos limites do contexto *preço devido* x *valor percebido*. O cliente comprará o produto ou serviço se o seu valor percebido, medido em unidades monetárias, for maior que o preço. Caso haja a necessidade de o consumidor escolher entre vários produtos competitivos, é provável que prefira aquele que oferecer o **maior valor líquido**, isto é, o maior diferencial entre o valor percebido e o preço a ser pago.

4.1 Formação do preço de venda doméstico

A formação do preço no mercado interno, estimado com base no custo total do produto, consiste em somar o lucro pretendido e todas as despesas de comercialização ao seu custo de produção; portanto, envolve os gastos desde a fabricação até a entrega no ponto de varejo que o disponibilizará ao mercado. As despesas de comercialização incluem as administrativas, tributárias, comerciais, financeiras e de logística, e os custos de produção incluem os de materiais utilizados. Por sua vez, o lucro bruto é geralmente representado por um percentual do preço, após a dedução dos tributos incidentes sobre as receitas de vendas. Assim, em sua forma mais genérica, o **preço de venda doméstico com base no custo agrega quatro grupos de contas**: custo industrial ou de produção, despesas gerais e de comercialização, lucro bruto da transação e tributos sobre a receita de venda.

4.1.1 Custo industrial ou de produção

O custo industrial ou de produção inclui os **custos primários ou diretos** (matérias-primas e mão de obra direta) e os **custos indiretos** de fabricação (abrangem os demais gastos da fábrica – materiais indiretos, como óleos refrigerantes e lubrificantes; mão de obra indireta de pessoal de supervisão, limpeza e manutenção; suprimentos da fábrica, como os gastos com iluminação, seguros, aluguéis, aquecimento ou ar condicionado). Esse grupo de gastos é obtido pelo sistema de contabilidade de custos e registrado pelo departamento competente da administração da fábrica.

4.1.2 Despesas gerais e de comercialização

Para a comercialização e a distribuição de mercadorias no mercado doméstico, os gastos se concentram quase integralmente em atividades de apoio realizadas no escritório da empresa e em atividades logísticas, realizadas externamente, como compras, atendimento e custeio de viagens e visitas de vendedores que trabalham para a empresa. Em geral, esses gastos são distribuídos em três grupos funcionais e estimados na forma de percentuais sobre o preço de venda, com base nos valores de exercícios anteriores, registrados pela divisão de contabilidade.

1. **Despesas gerais e administrativas** – Referem-se a honorários da diretoria, salários de gerentes e do pessoal administrativo, encargos sociais e outros benefícios, despesas de escritório e de expediente, impressos, materiais de consumo, aluguéis, iluminação, ar condicionado, manutenção, limpeza, segurança etc.

2. **Despesas comerciais** – Incluem salários e comissões do pessoal de vendas e de promoção, impressos e outros materiais de propaganda, relações públicas e publicidade, viagens, visitas, internet, catálogos, amostras etc.
3. **Despesas financeiras** – Englobam juros sobre empréstimos e despesas bancárias, provisão para perdas por não pagamento, gastos com operações cambiais, financiamentos diretos a clientes, despesas de cobrança etc.

Dessa forma, é muito importante a empresa atentar para esses gastos e mantê-los atualizados no departamento de contabilidade.

4.1.3 Lucro bruto

O lucro bruto é o resultado operacional da empresa, ou seja, a diferença entre a receita líquida auferida com as vendas (obtida com a redução dos tributos) e o total dos custos de produção e das despesas operacionais da empresa. É distribuído em lucro líquido, Imposto de Renda (IR) e Contribuição Social sobre o Lucro Líquido (CSLL). Definido pela política de lucratividade da empresa estipulada pela sua diretoria, o lucro bruto é geralmente estimado por percentual fixo do preço de venda ou por uma taxa de retorno sobre o investimento realizado.

> O lucro bruto é o resultado operacional da empresa.

4.1.4 Tributos sobre vendas

O regime tributário em vigor no Brasil sujeita as operações de compra e venda de mercadorias (domésticas e internacionais) à aplicação de impostos, contribuições e taxas de melhoramentos, previstas nos respectivos regulamentos, que incidem de forma sistemática – ou não cumulativa – sobre as compras de insumos e as vendas de produtos acabados. Nas operações comerciais internas, os tributos gerais, segundo Carvalho (2012), são:

» **Contribuição para Financiamento da Seguridade Social (Cofins)** – Tributo de natureza federal que incide sobre a receita de vendas de mercadorias e serviços das empresas. Aplica-se a todas as operações comerciais, industriais e de serviços, inclusive sobre as transações com mercadorias nacionalizadas oriundas de importação.

» **Contribuição Social ao Programa de Integração Social (PIS) e ao Programa de Aperfeiçoamento do Servidor Público (Pasep)** – Tributo de competência federal que incide sobre a receita de vendas de produtos e serviços, inclusive na revenda de mercadorias nacionalizadas oriundas de importação.

» **Contribuição de Intervenção no Domínio Econômico (Cide-Combustíveis)** – Tributo de competência federal incidente sobre a importação e a comercialização de gasolina e suas correntes, diesel e suas correntes, querosene de aviação e outros querosenes, óleos combustíveis (*fuel-oil*), gás liquefeito de petróleo (GLP), inclusive o derivado de gás natural e de nafta, e álcool etílico combustível. O fato gerador inclui a comercialização no mercado interno e a importação, sendo contribuintes o produtor, o formulador e o importador (pessoa física ou jurídica) dos combustíveis. Trata-se de um tributo específico, ou seja, cobrado por unidade de produto comercializada, e não *ad valorem* (cobrado por um percentual do valor da transação).

» **Imposto sobre Circulação de Mercadorias e Prestação de Serviços (ICMS)** – Tributo de competência estadual, aplicado sobre o valor agregado não cumulativo, cuja alíquota varia segundo a unidade da Federação (UF) de localização dos estabelecimentos do vendedor, do comprador e da natureza do produto. A base de cálculo do tributo é determinada pelo preço do produto ou serviço, com os ajustes referentes a juros cobrados por vendas a prazo. Tributa operações relativas à circulação de mercadorias, serviços de transporte intermunicipal e interestadual, comunicação, energia elétrica, combustíveis e lubrificantes (exceto interestaduais) e substâncias minerais.

» **Imposto sobre Produtos Industrializados (IPI)** – Tributo de competência federal que incide sobre o preço de venda de produtos nacionais e estrangeiros, obedecendo a alíquotas diversas, conforme a classificação do produto. O sistema tem como base os débitos e os créditos fiscais para a indústria, ou seja, imposto contra imposto. Na venda ao comércio, não há manutenção dos créditos fiscais, sendo considerado o custo do produto.

» **Imposto sobre Serviços de Qualquer Natureza (ISS)** – Tributo de competência municipal que se aplica à prestação de serviços de qualquer natureza, inclusive exportações de consultoria, obras diversas etc., com base no valor do serviço prestado.

Assim, é importante que a empresa tenha conhecimento desses tributos e impostos sobre as vendas.

4.1.5 Formação de preço de venda

De forma geral, o **preço de venda** (PV) pode ser formulado com base na totalização do custo industrial ou de produção (Cind), nas despesas operacionais (DOP) – incluindo as administrativas, comerciais e financeiras –, no lucro bruto ou resultado da empresa (LUB) e nos tributos (impostos, taxas e contribuições) sobre a receita de vendas (TSV). Como somente o primeiro termo é conhecido monetariamente e os outros três são definidos como percentuais do preço de venda, o preço poderá ser calculado por meio da fórmula a seguir:

$$PV = \frac{CIND}{1 - (DOP + LUB + TSV)}$$

4.2 Aplicação da escalada de preços na decisão sobre a política de preço de exportação

A escalada de preços, segundo Keegan (2006), refere-se ao processo de aumento no preço de um produto quando as margens dos intermediários (distribuidores e varejistas), as despesas de transporte e os tributos são acrescentados ao preço de fábrica. Resulta na agregação tanto dos custos previstos e conhecidos quanto dos custos imprevisíveis, que ocorrem em virtude de mudanças no ambiente do mercado-alvo, ou de outros fatores, no percurso entre a fábrica e o ponto de venda ao consumidor. Esse processo de agregação de despesas ao longo da cadeia de distribuição permite o cálculo progressivo dos preços sob as várias condições de entrega, podendo ser expresso como um roteiro de formação de preços desde a fábrica até a venda direta ao consumidor, tanto do mercado interno quanto do mercado internacional. Portanto, aumenta o preço do produto de um estágio da distribuição para outro até encontrar sua utilização ou seu consumo no mercado-objeto.

> **A escalada de preço é aplicável na busca de um referencial de preço para ser competitivo no mercado externo.**

A escalada de preço é aplicável na busca de um referencial de preço para ser competitivo no mercado externo, ou seja, na prospecção do preço de exportação. Essa escala também é utilizada como instrumento de comparação da margem efetiva dos canais de distribuição, como preço líquido do concorrente e como desempenho das unidades funcionais das empresas que participam das operações internacionais.

Para estabelecer um preço de referência para exportação, é recomendável a aplicação da regra da escalada de preço no sentido inverso – portanto, do varejo à fábrica ou até um ponto designado –, em duas etapas: a primeira a partir do preço de venda da empresa para o mercado interno; a segunda a partir do preço de venda de produto similar de empresa concorrente no mercado externo. Os resultados obtidos oferecem os valores de referência para a fixação do preço a ser praticado pela empresa para o mercado internacional. O intervalo de valores resultante visa ao estabelecimento da política de preços de exportação da empresa.

4.2.1 Preço de referência para exportação a partir do preço do mercado interno

O objetivo dessa abordagem é obter um referencial para a entrega em um local designado, mediante a desoneração do preço de venda bruto da empresa no mercado interno de IPI, ICMS, PIS/Pasep e Cofins, da dedução das despesas que não ocorrem nas operações internacionais e da adição de despesas exclusivas da exportação – de preparação da mercadoria, expedição, das formalidades típicas do comércio exterior e de transporte até o local estipulado.

Portanto, as despesas referentes à embalagem de varejo no mercado interno, à comissão, às viagens e visitas de vendedores, às despesas bancárias com cobrança de títulos, à provisão para devedores duvidosos do mercado interno e ao custo de capital de giro para produção destinada ao mercado interno também podem ser eliminadas ou reduzidas. Por outro lado, devem ser adicionadas ao preço as despesas inerentes às atividades internacionais – embalagem especial de exportação e sua marcação, comissão de agente, honorários de despachante aduaneiro, documentos e procedimentos burocráticos, transporte e seguro até o local designado e, se for um porto para embarque, as despesas portuárias e de cobertura de riscos de crédito e de câmbio.

Considerando-se o porto de embarque como local de entrega, o preço FOB (*Free On Bord*) de referência obtido a partir do preço de varejo no mercado interno pode ser assim calculado:

> **Preço FOB** = Preço de varejo no mercado interno − ICMS − IPI − Cofins − PIS/Pasep − Comissão de vendedores − Despesas financeiras − Despesas comerciais − Custo de embalagens e comunicação − Outros custos, não incidentes na exportação + Embalagem especial de exportação + Gastos com registro no Siscomex (Sistema Integrado de Comércio Exterior) + Elaboração de documentos e despachante aduaneiro + Transporte até o porto de embarque + Comissão de agente no exterior + Outros custos não incluídos exclusivos de exportação.

4.2.2 Preço de referência para exportação a partir do preço do mercado externo

A abordagem da escalada de preço é também aplicada para obter um referencial para o preço de exportação a partir do nível de preços praticado pela concorrência no mercado externo. Nesse sentido, devem ser estipulados um local de entrega e, por meio da dedução das margens de remuneração dos intermediários – tributos incidentes no varejo do mercado objeto –, as despesas estimadas que seriam requeridas para levar as mercadorias até o local de entrega considerado – neste caso, o porto de embarque brasileiro designado. Em outras palavras, promove o retorno do produto desde o local de varejo até o provável porto de entrada das mercadorias no mercado-alvo e, deduzindo-se o frete marítimo internacional e o seguro, obtém-se o preço FOB de exportação desejável.

Em resumo, o preço de referência para a exportação a partir do preço de varejo do mercado-objeto pode ser calculado mediante a aplicação do seguinte roteiro:

> **Preço FOB** = Preço de varejo no mercado-objeto − Imposto sobre valor agregado (IVA) − Margem do varejista − Margem do distribuidor − Despesas com formalidades aduaneiras, despachante aduaneiro e documentos − Despesas portuárias − Imposto de Importação − Seguro de transporte internacional − Frete internacional.

Os valores de referência – ou seja, os preços FOB de exportação obtidos respectivamente a partir dos preços de venda no mercado doméstico e no mercado externo – geralmente revelam a existência de um intervalo de preços considerado como uma zona para negociação de preço pelo exportador e por seus potenciais clientes do exterior. Dentro desses limites, o gerente de marketing internacional pode estabelecer o preço de lista e todas as concessões da política de preços da empresa com relação ao produto para os mercados a serem conquistados. Dependendo do grau de detalhamento das informações colhidas e utilizadas para o cálculo desses referenciais, o gerente pode analisar, por meio de grupo de custos, a competitividade do produto em diversos segmentos de mercado e, possivelmente, a manutenção ou o ajuste de preços conforme o resultado da análise.

Figura 4.1 – Preços de referência para formulação da política de preços

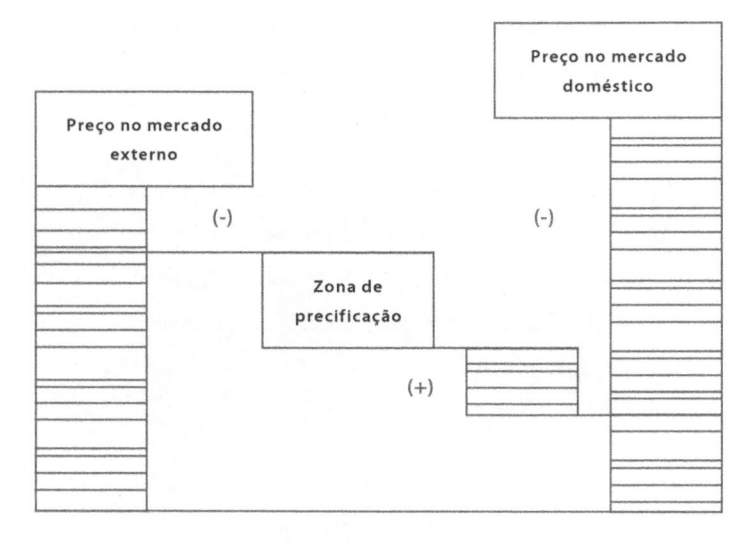

```
                                    ┌─────────────────┐
                                    │ Preço no mercado│
                                    │    doméstico    │
  ┌─────────────────┐               │                 │
  │ Preço no mercado│               │                 │
  │     externo     │               │                 │
  │                 │     (-)       │     (-)         │
  │                 │  ┌──────────┐ │                 │
  │                 │  │  Zona de │ │                 │
  │                 │  │precificação│                 │
  │                 │  └──────────┘ │                 │
  │                 │     (+)       │                 │
  │                 │               │                 │
  └─────────────────┘               └─────────────────┘
```

A definição de um intervalo de referência para o preço de exportação por meio da aplicação da escalada de preço responde a duas questões endereçadas aos gerentes de marketing internacional: **Até que preços os consumidores no exterior desejarão pagar pelo produto? O produto continuará competitivo quando oferecido com margem de lucro acima da estabelecida no preço doméstico?** Ainda que inicialmente não chegue a um preço competitivo, segundo Kotabe e Helsen (2000), o gerente pode utilizar uma das seguintes medidas para lidar com essas questões:

» reorganizar o sistema de distribuição, reduzindo o número de intermediários entre o fabricante e o usuário final ou renegociando as margens de lucro das partes;

» enxugar o produto, eliminando algumas de suas características, tornando opcional ao consumidor adquirir o produto básico e, caso deseje, adquirir os elementos opcionais deste por meio de determinada quantia;
» reduzir o tamanho do produto, diminuindo o custo de matéria-prima ou a quantidade de unidades na embalagem múltipla, caso o consumidor não o conheça no país de origem;
» exportar os seus produtos desmontados para a montagem no exterior;
» modificar o produto de exportação para ser classificado em outra faixa de impostos;
» adotar a estratégia de posicionamento *premium* (de preço mais elevado, comunicação focada no valor da marca e do produto e em canais especiais de comercialização).

4.3 Incentivos fiscais e creditícios à exportação brasileira

O objetivo dos incentivos oferecidos à exportação pelo governo, conforme Castro (2005), é a **redução dos custos dos produtos exportados**, possibilitando à empresa brasileira a competitividade indispensável na conquista de novos mercados e o incremento das exportações. Tais benefícios serão restituídos na forma de geração de novos empregos e de entrada de divisas para a composição das reservas cambiais necessárias à sustentação da política cambial e à melhoria de desempenho nas contas externas do país.

No Brasil, vigoram incentivos fiscais – na forma de desoneração de impostos e de contribuições sociais – e financeiros – na forma de créditos de curto e longo prazos – e garantias a exportadores e a clientes internacionais, para fomentar as exportações de produtos industriais (Figura 4.1).

4.3.1 Incentivos fiscais às exportações

Os incentivos fiscais às exportações, segundo Castro (2005), são aplicáveis nas **exportações diretas** (vendas diretas a clientes no exterior), nas **exportações indiretas** (vendas a empresas comerciais exportadoras no país) e nas **vendas equiparadas à exportação** realizadas no país a *trading companies* (sociedades comerciais exportadoras brasileiras).

As exportações diretas e as vendas a *trading companies* são beneficiadas com a isenção de pagamento de IPI, ICMS, PIS/Pasep e Cofins e com a manutenção dos créditos desses tributos recolhidos nas compras de insumos. As exportações indiretas, ou seja, as vendas no país a empresas comerciais exportadoras, por sua vez, usufruem da manutenção dos créditos tributários nas compras de insumos e da suspensão de pagamento de IPI, ICMS, PIS/Pasep e Cofins, resultando em isenção após a comprovação do embarque das mercadorias. Outro incentivo fiscal de grande importância consiste na importação de mercadorias sob regime de *drawback*, que desonera as compras de insumos e componentes de produtos destinados à exportação da tarifa aduaneira e demais tributos.

Figura 4.2 – Incentivos fiscais e creditícios às exportações

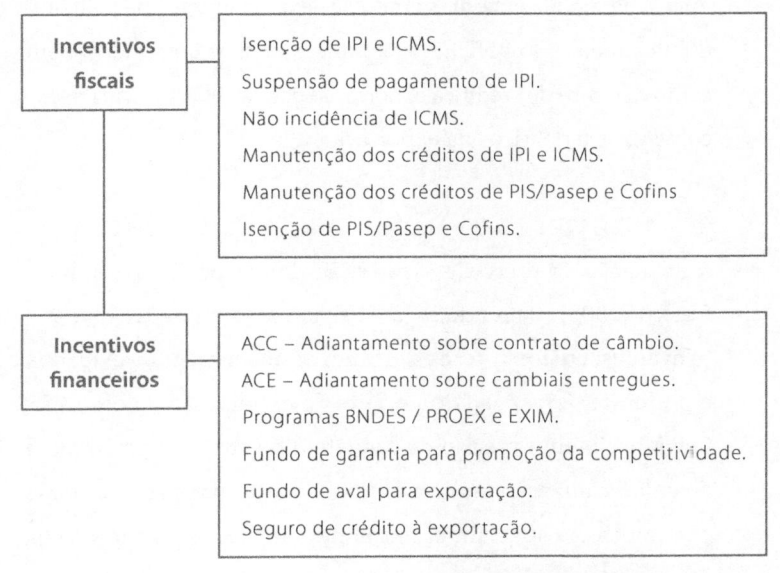

Incentivos fiscais	Isenção de IPI e ICMS.
	Suspensão de pagamento de IPI.
	Não incidência de ICMS.
	Manutenção dos créditos de IPI e ICMS.
	Manutenção dos créditos de PIS/Pasep e Cofins
	Isenção de PIS/Pasep e Cofins.

Incentivos financeiros	ACC – Adiantamento sobre contrato de câmbio.
	ACE – Adiantamento sobre cambiais entregues.
	Programas BNDES / PROEX e EXIM.
	Fundo de garantia para promoção da competitividade.
	Fundo de aval para exportação.
	Seguro de crédito à exportação.

Fonte: Adaptado de Castro, 2005, p. 189-238.

4.3.2 Incentivos financeiros às exportações

Os incentivos financeiros concedidos oficialmente às exportações de empresas no país, conforme Castro (2005), são as formas de financiamento e as garantias oferecidas para facilitar a conclusão das transações. Incluem os pré-financiamentos proporcionados pelo regime cambial vigente para exportações, na forma de adiantamentos sobre operações de câmbio e os créditos de longo prazo do Banco Nacional de Desenvolvimento Econômico e Social (BNDES), por meio do Programa de Financiamento às Exportações (Proex) e do Programa Exim. Há outros incentivos financeiros oferecidos pelo governo em relação às exportações para a garantia do risco de crédito dos bancos em operações de micro, pequenas e médias empresas exportadoras que utilizam financiamento do BNDES e de bancos oficiais e privados, bem como o seguro de crédito à exportação para a cobertura aos riscos comerciais e políticos da exportação.

4.4 Política de preço na exportação

A formação do preço de exportação de um produto, segundo Castro (2005), depende da avaliação conjunta de três fatores relevantes: **custos internos, despesas nos mercados externos e poder de percepção do gerente de exportação da empresa.** O conhecimento preciso de cada item de custo de produção e de comercialização tende a tornar o preço internacional mais competitivo, especialmente quando aplicados os incentivos fiscais e financeiros concedidos pelo governo às exportações, e as economias de escala permitem ajustar o preço para lotes maiores. O país de destino das mercadorias, os termos de entrega (Incoterm) – que estipulam o local de transferência de custos e riscos ao comprador –, a margem de lucro fixada, entre outras variáveis, também contribuem para a equação da formação de preço.

> **O cálculo do preço de exportação tem como ponto de partida o custo de produção, o preço de venda no mercado doméstico ou mesmo o preço praticado pela concorrência no mercado-objeto.**

No entanto, para atingir corretamente o objetivo de formulação do preço, é necessário calcular com razoável precisão todos os elementos dos custos de produção, comercialização e distribuição no mercado interno e internacional, inserindo-se no cálculo todos os gastos adicionais decorrentes da atividade exportadora.

O objetivo do gerente será sempre encontrar um preço básico para a mercadoria, disponibilizada para entrega nas condições estipuladas segundo o Incoterm selecionado, no país de procedência ou de destino. Nesse sentido, o cálculo do preço de exportação tem como ponto de partida o custo de produção, o preço de venda no mercado doméstico ou mesmo o preço praticado pela concorrência no mercado-objeto. Por outro lado, o ponto de chegada é geralmente o preço FOB no porto de embarque, segundo Pinheiro, Markwald e Pereira (2002), a cotação preferencial dos exportadores brasileiros – que indica a entrega no país, no porto de embarque, quanto se utiliza transporte marítimo –, ou o preço FCA (*Free Carrier*) em local combinado no país, no caso de qualquer outro meio de transporte.

4.4.1 Formação de preço de exportação

Mediante a utilização dos incentivos fiscais, o **preço de venda de exportação** (PVE) pode ser calculado com base no preço de venda doméstico, totalizando no numerador da equação os valores conhecidos – monetariamente – do custo industrial (Cind), das despesas operacionais (DOP), do lucro bruto (LUB) e das despesas exclusivas de exportação (DME). Estas incluem o transporte até o porto, os honorários do despachante, a emissão e a tradução de documentos etc. O denominador é formado pelas despesas exclusivas de exportação não conhecidas monetariamente, mas definidas como percentuais do preço de venda (DPE), conforme a fórmula a seguir.

$$PV = \frac{CIND + DOP + LUB + DME}{1 - DPE}$$

4.4.2 Formulação da política de preço de exportação

A formulação da política de preços de exportação deve ser tratada de forma estratégica, contemplando-se as possíveis situações que a empresa deverá enfrentar em curto, médio e longo prazos. Para tanto, é necessário definir uma zona de precificação (Figura 4.1), limitada por um preço máximo aceitável pelo mercado – obtido com base em dados da concorrência ou mediante pesquisas realizadas com os clientes – e por um preço mínimo suportável, orientado para os custos da empresa e consoante às leis e aos regulamentos que dispõem sobre os preços internacionais. A dimensão do intervalo ou zona de precificação, segundo Avaro (2001), é denominada *margem de negociação*.

Dentro desse intervalo, para cada produto deve ser estabelecido um preço de lista, que servirá de referência para a aplicação de adições e deduções inerentes à política da empresa. As **adições** ocorrem na forma de **juros** – no caso de concessão de prazos ou de diferenças de juros na cessão de créditos –, **custos logísticos** – no caso de extensão das cotações internacionais avançando o local de entrega em direção ao país de destino – ou **despesas específicas** – nos casos de extensão de garantias, serviços de montagem, assistência técnica, entre outros, ou de atributos exclusivos para determinado cliente.

> A dimensão do intervalo ou zona de precificação, segundo Avaro (2001), é denominada *margem de negociação*.

Por sua vez, as **deduções** são práticas comuns nas transações internacionais, na forma de **descontos, abatimentos** e **rebates**, resultando em redução no preço de lista ou de alguma outra concessão, como um lote de amostras de mercadorias gratuitas e crédito nas compras futuras. Em geral, em razão da natureza dos mercados, dos clientes e das transações, altamente heterogêneos na maioria das indústrias, as deduções têm como objetivo encorajar pedidos maiores, consolidar a conquista de novos mercados ou segmentos e manter o posicionamento do produto em busca de vantagens competitivas.

4.4.3 Descontos aplicados aos preços

Para tornar a decisão sobre preços negociável, o gerente de exportação deve ter à disposição uma variedade de concessões que podem ser oferecidas aos clientes, como os fretes pagos antecipadamente, a movimentação de carga para embarque, os financiamentos e os bônus. A principal dessas concessões, pelo menos em termos de uso, é a estrutura dos descontos oferecidos aos clientes, incluindo os descontos de quantidade, de vendas acumuladas, para pagamento antecipado etc.

Os **descontos de quantidade** representam uma dedução do preço de lista da empresa exportadora para encorajar os clientes a comprar quantidades maiores do que as médias estabelecidas nos pedidos. Tais descontos são concedidos com base no tamanho da compra – seja em relação à quantidade, seja em relação ao valor gasto. Muitas despesas, como emissão, conferência e tradução de documentos, formalidades de licenciamento, registro e despacho aduaneiros, serviços de despachante e assessorias, são praticamente constantes em relação ao tamanho do pedido do importador. Economias de escala relativas aos custos de processamento do pedido garantem a cobertura desses descontos. Contudo, em quase todas as atividades – inclusive compras, fabricação, promoção e distribuição –, os custos tendem a declinar com o aumento de produção.

O **desconto de vendas acumuladas** ou **de fidelidade**, a exemplo da prática da milhagem pelas companhias aéreas, tem como base o volume total de pedidos do importador durante um período específico. Esse tipo de desconto é uma concessão vantajosa para o exportador, pois cria um vínculo mais consistente entre o cliente e a empresa exportadora. Fundamenta-se na teoria da curva de aprendizagem ou de experiência da mão de obra, que, conforme Avaro (2001), estabelece que a cada duplicação da produção acumulada os custos de produção se reduzem em escala mensurável. Essa redução de custos é justificada pela repetição das tarefas que especializa continuamente os empregados, aumentando a proficiência e reduzindo o tempo para mudar de tarefa, bem como torna mais eficientes os processos de produção e montagem e reduz os custos de construção de bens de capital de elevado valor. Além das companhias aéreas, as concessionárias de telecomunicações e os hotéis são bons exemplos da prática de descontos de fidelidade.

O **desconto por pagamento antecipado** é uma alternativa que o exportador tem de pré-financiar as vendas externas, reduzindo ao mesmo tempo os riscos comerciais, políticos e cambiais, transferindo todo o risco da transação para o importador.

Os **descontos comerciais ou funcionais** são comumente oferecidos a intermediários – importadores, atacadistas, distribuidores ou varejistas – para estimular o apoio do distribuidor à linha de produtos da empresa ou encorajar o desempenho de funções específicas, como as atividades de armazenagem, as vendas e o faturamento, o transporte e os esforços promocionais.

O **desconto para venda a granel** pode ser considerado a partir da eliminação do custo de embalagem, expedição, movimentação de carga, carregamento e descarregamento do veículo de transporte internacional, visto que nesse caso os embarques são mecanizados.

O **desconto de época** (ou devido ao impacto da sazonalidade nas vendas) é concedido no caso de determinados produtos industriais que têm as vendas distribuídas de forma heterogênea entre os meses do ano, como brinquedos, condicionadores de ar e fertilizantes. Os pedidos realizados em baixa temporada permitem aos fabricantes utilizar melhor os instrumentos de produção e/ou evitar os custos necessários para a manutenção de estoques. Tal vantagem pode tomar a forma de concessão de prazos maiores, sem cobrança de juros, para o pagamento das vendas desse período, mais precisamente após o início da temporada.

Outros critérios para a concessão de descontos especiais incluem o reforço de garantias. Por exemplo: em vez de cobrança, o importador oferece uma carta de crédito, diminuindo o custo do crédito bancário e do seguro de crédito à exportação; a redução do prazo das garantias de fabricação; o prazo reduzido para o vencimento da validade de uso do produto (como no caso de alimentos pré-elaborados); a venda de produto sem a marca da empresa.

4.4.4 Adições aos preços

Adições ou ajustes de preços podem ocorrer em função de atributos especiais e serviços adicionais exigidos pelo cliente de forma extraordinária, inclusive referentes à qualidade, ao treinamento, às garantias contra defeitos de fabricação, à antecipação da entrega e à alteração da cotação do preço internacional, entre outros. Entre as situações mais usuais figuram a inclusão, no preço de fatura, do frete internacional ou do frete e seguro de transporte, para a mudança da cotação – respectivamente, de FOB para CFR (*Cost and Freight*) ou CIF (*Cost, Insurance and Freight*), de FCA (*Free Carrier*) para CPT (*Carriage Paid to*) e de FOB para CIF ou para CIP (*Carriage and Insurance Paid to*) – e a inclusão de juros no preço, em caso de concessão de prazos curtos de pagamento, ou da diferença de juros, no caso de crédito fornecedor combinado com cessão de crédito dos recebíveis.

> **Para saber mais**
>
> CAMPIÃO, G. A.; SPROGIS, M. F. G. V.; ESTÁCIO, R. M. **Elaboração do preço de exportação**. Belo Horizonte: Sebrae-MG, [s.d]. (Série Saiba Mais Sobre, v. 10).
>
> Uma forma lúdica e bem-humorada de apresentar uma orientação técnica sobre o preço de exportação está disponível nesse livro publicado pelo Sebrae.
>
> NAGLE, T. T.; HOGAN, J. E. **Estratégias e táticas de preços**: um guia para crescer com lucratividade. 4. ed. São Paulo: Pearson Prentice Hall, 2007.

Trata-se de uma obra didática, de conteúdo abrangente, de referência obrigatória para quaisquer livros e artigos acadêmicos sobre o assunto sob a ótica econômico-financeira ou mercadológica. É impositiva para estudantes a leitura dos capítulos "A precificação tática" (1) e "Mensuração de preço e valor" (13). Boa recomendação para gerentes de marketing e de exportação de empresas de qualquer porte.

TOLEDO, G.; PROENÇA, M.; MELLO JUNIOR, S. Política de preços e diferencial competitivo: um estudo de casos múltiplos na indústria de varejo. *Revista de Administração*, São Paulo, v. 41, n. 3, jun./set. 2006. Disponível em: <http://www.rausp.usp.br/download.asp?file=V4103324.pdf>. Acesso em: 22 jan. 2013.

Este artigo apresenta um estudo exploratório, com base em revisão da literatura, sobre as políticas de preços adotadas por redes nacionais e estrangeiras atuantes em diferentes setores do comércio varejista do Brasil.

Síntese

Esse capítulo foi dedicado à decisão de preço pelo gerente de marketing internacional. Vimos inicialmente a descrição dos quatro grupos de contas consideradas na formação do preço de venda no mercado doméstico segundo a técnica orientada para o custo: custo industrial, despesas operacionais, lucro bruto da empresa e tributos sobre a receita de vendas.

Apresentamos também a aplicação da escalada de preços para a obtenção de valores de referência para a formulação da política de preço de exportação com base nos preços de varejo no mercado doméstico e no mercado externo. No entanto, essa política requer, como ponto de partida, o preço de lista, cuja formação exige o conhecimento dos incentivos fiscais e financeiros às exportações brasileiras, que foram discriminados com detalhes.

Por fim, vimos que, para a formulação da política de preços na exportação, é necessário estabelecer descontos e adições a serem aplicados, de acordo com a situação específica, sobre o preço de lista. Os descontos geralmente são concedidos para maiores quantidades ou valores dos pedidos, lealdade do cliente, antecipação do pagamento etc. Por sua vez, a situação mais comum de adição é mediante a concessão de um prazo maior de pagamento ao cliente.

Questões para revisão

Para responder às questões 1 e 2, analise a situação descrita a seguir:

A Indústria Mecânica do Brasil Ltda. negocia embarques de exportação para os EUA e faz essa transação com um distribuidor local. Em pesquisa de preços, obteve os seguintes indicadores internos e referentes aos preços da concorrência local:

Componentes do preço doméstico e do concorrente no exterior:

Mercado doméstico		Mercado externo a conquistar	
Preço de venda doméstico	R$ 18,00	Preço de varejo	R$ 30,00
IPI	R$ 1,19	IVA	R$ 2,40
ICMS	R$ 3,24	Margem do varejista	R$ 9,00
PIS/Pasep	R$ 0,30	Margem do distribuidor	R$ 3,10

(continua)

(conclusão)

Mercado doméstico		Mercado externo a conquistar	
Cofins	R$ 1,37	Despachante aduaneiro	R$ 0,15
Comissão de vendas	R$ 1,80	Despesas de registro	R$ 0,02
Redução de custos (financeiro, embalagem)	R$ 0,86	Transporte até o porto	R$ 0,28
Despacho e documentos	R$ 0,28	Tarifa aduaneira	R$ 1,37
Transporte até o porto	R$ 0,12	Seguro de transporte	R$ 0,21
Comissão de agente	R$ 0,25	Frete marítimo	R$ 1,22

Agora, responda às questões 1 e 2 e elabore uma justificativa para as suas respostas.

1. Quais dos seguintes itens da composição do preço doméstico o gerente de marketing internacional da empresa em questão deverá excluir para o cálculo do preço de exportação?

    Matéria-prima, IPI, comissão de vendedores, ICMS, mão de obra direta, PIS/Pasep, despesas de cobrança bancária, Cofins, despesas de comunicação com filiais, salários do pessoal de escritório, despesas de limpeza e conservação

2. Quais dos seguintes itens da composição do preço de exportação o gerente de marketing internacional de uma empresa deverá incluir para o cálculo do preço FOB?

    Margem do varejista, despesas com documentos, margem do distribuidor, despesas com formalidades de exportação, despesas de carregamento no navio, Imposto de Importação, seguro de transporte internacional, transporte até o porto de embarque, frete internacional.

3. A técnica simplificada de formação do preço de exportação com base no preço de venda doméstico envolve a desoneração dos tributos sobre vendas, a dedução das despesas exclusivas do mercado doméstico e a adição das despesas exclusivas de exportação. Qual das alternativas a seguir reúne **somente** despesas exclusivas de exportação?
   a. Frete marítimo internacional, seguro de crédito, custos industriais e custo de *hedge*.
   b. Custos indiretos de fabricação, frete até o porto, custo de *hedge* e frete internacional.
   c. Documentos e taxa de Siscomex, matérias-primas, frete até o porto e custo de *hedge*.
   d. Aluguel de contêiner, frete até o porto, despachante aduaneiro e custo de formalidades.
   e. Custo de produção, frete até o porto, documentação de embarque e seguro de carga.

4. De acordo com a técnica de formulação de preço de venda com base no custo total do produto, há quatro grupos de contas componentes do preço de venda doméstico. Quais são eles?
   a. Custos de produção, resultado bruto, despesas de marketing, despesas de logística.
   b. Custo industrial, lucro bruto, despesas operacionais e despesas no exterior.
   c. Custos de produção, resultado real, despesas operacionais e despesas logísticas.

d. Custo industrial, tributos sobre vendas, lucro bruto, despesas operacionais.

e. Custos de produção, tributos sobre vendas, despesas operacionais e frete internacional.

5. A orientação da administração da empresa quanto à formação do preço envolve três variáveis, denominadas Cs do preço. Qual é a alternativa **incorreta** a respeito desse tema?
    a. Os três Cs do preço são: custo, concorrência e consumidor.
    b. O preço mínimo não pode ser inferior ao custo total do produto.
    c. O preço máximo para o produto considera a intenção de compra do consumidor.
    d. A estratégia de posicionamento envolve conhecimento profundo da concorrência.
    e. O preço de exportação será sempre lucrativo se tiver como base a margem fixa.

capítulo 5
decisão de promoção em marketing internacional

Conteúdos do capítulo

» Ações do composto de promoção de marketing e as circunstâncias em que ocorrem.
» Ações do composto de promoção de marketing internacional.
» Interligações entre os processos de planejamento e desenvolvimento da campanha de promoção de marketing.

Após o estudo deste capítulo, você será capaz de:

1. compreender o contexto de ações do composto de promoção de marketing da empresa.
2. familiarizar-se com as ações do composto de promoção de marketing internacional.
3. compreender como se processam as decisões sobre o planejamento e o desenvolvimento da campanha de promoção de marketing.

Os avanços na tecnologia de informação e nas comunicações facilitaram a tarefa dos gerentes de marketing ao permitirem, por meio de ferramentas de criação, meios de comunicação populares e de baixo custo, a difusão das vantagens competitivas construídas pelas empresas, oferecendo mais valor aos consumidores e aos usuários de seus produtos.

O processo de divulgação de informações por meio da internet, juntamente com a logística da pronta entrega, das vendas porta a porta e da promoção do marketing boca a boca, possibilitou que milhões de usuários pudessem estar conectados em frações de segundos. Isso revolucionou as formas de comunicação para a promoção de ideias, causas, cidades, eventos, *softwares*, serviços e, evidentemente, bens de consumo e de capital. Rapidamente, podemos tomar conhecimento de todos esses ativos postos em oferta em qualquer mercado global.

O acesso cada vez maior à internet e à informação também permitiu as comparações de produtos concorrentes, não somente em relação aos preços, como também em relação à qualidade, ao impacto ambiental e a outros atributos, mediante a arbitragem entre os mercados. Isso deixou o consumidor mais consciente e conferiu-lhe maior poder de influência sobre produtos e marcas desejáveis, pressionando as empresas por meio de redes sociais e exigindo delas maior responsabilidade social e comprometimento ambiental, em especial das corporações globais líderes de alguns segmentos em nível mundial.

Desse modo, tendo em vista esse cenário e o fato de que a globalização proporcionou o surgimento de um consumidor mais consciente do seu poder de compra, é possível continuarmos afirmando que a expressão "a propaganda é a alma do negócio" ainda é uma verdade absoluta?

> **O acesso cada vez maior à internet e à informação também permitiu as comparações de produtos concorrentes, não somente em relação aos preços, como também em relação à qualidade, ao impacto ambiental e a outros atributos, mediante a arbitragem entre os mercados.**

É sobre isso que iremos discutir aqui. Afinal, o grande desafio do conhecimento é agregar experiência aos conceitos, prática à teoria, por meio da reflexão sobre os conteúdos a que temos acesso. Esse é o desafio construtivo que propomos para você por meio deste estudo.

5.1 A importância da promoção no marketing internacional

No ambiente intensamente competitivo dos mercados globais da atualidade, a promoção desempenha um papel decisivo no estabelecimento da presença do marketing de uma empresa. Quer a empresa venda seus produtos num único mercado, quer ela o faça em vários, os objetivos de promoção de marketing são sempre os mesmos: **aumentar o valor percebido de um produto e convencer os consumidores a adquiri-lo.** Porém, apesar de sua importância e da possível eficiência, apenas o esforço da promoção não pode assegurar que o produto alcançará o sucesso. Todos os quatro elementos do composto de marketing devem trabalhar com sinergia para reforçar a vantagem competitiva da empresa no mercado.

O conteúdo da comunicação de marketing é muito semelhante internacionalmente. Isso ocorre porque, independentemente de sua cultura, as pessoas apresentam semelhanças em diversos aspectos – querem ter segurança, ser amadas e reconhecidas, conquistar o sucesso profissional, compartilhar momentos felizes com amigos e familiares e expressar sentimentos por meio da arte, da música e da dança. Mesmo que utilizem instrumentos bem diferentes, músicos de todos os continentes quase sempre abordam os temas de paz, amor, esperança, harmonia e alegria. Porém, quanto à forma de comunicar esses temas, é muito importante levar em conta as diferenças entre os povos dos diversos países, como o modo de se expressar, de se vestir, de falar, de comer, seus estilos de vida, atitudes, valores, costumes e crenças.

As semelhanças e as diferenças entre os diversos consumidores são fatores de extrema importância para o marketing da empresa, pois influenciam a maneira como os consumidores interpretam os estímulos de promoção e respondem a eles. Nomes de marca – como Xerox e Havaianas – são reconhecidos em mercados de todos os continentes, mas há nomes que são impublicáveis quando traduzidos em outros idiomas, neutralizando os esforços da campanha. A empresa deve pesquisar como as pessoas interpretam palavras, símbolos, números, cores e outros itens antes de planejar as ações de promoção. Há ainda outros fatores que influenciam a promoção, inclusive os objetivos da empresa, a disponibilidade de mídia e de agências, a situação competitiva e os regulamentos oficiais.

> **As semelhanças e as diferenças entre os diversos consumidores são fatores de extrema importância para o marketing da empresa.**

5.1.1 Mas o que é o *mix* de promoção?

O *mix* de promoção de marketing consiste no conjunto de ações veiculadas nos meios de comunicação com o objetivo de informar clientes e opinião pública sobre atributos e benefícios dos produtos e/ou serviços, persuadindo-os a comprá-los, consumi-los e/ou usá-los dentro de seu período de validade. Inclui campanha de propaganda, publicidade, relações públicas, *merchandising*, força e promoção de vendas, embalagem, internet e outras ações.

Portanto, a promoção e a comunicação dos produtos a serem exportados estão intimamente associadas ao comportamento do importador e/ou do consumidor no exterior, requerendo perfeita compreensão dos hábitos de compra e de consumo das diversas culturas. Para uma comunicação eficiente, é necessário que se tenha uma perfeita compreensão do idioma falado, de hábitos, valores, leis e regulamentos do país do mercado-alvo, ou seja, do mercado que se quer conquistar.

O planejamento das ações de promoção de marketing requer investimentos de recursos financeiros, de talentos humanos, de tempo, de materiais e de tecnologia. Tais recursos são usados de forma sistemática e sinérgica para garantir a programação da veiculação das mensagens de propaganda nas mídias disponíveis no mercado-alvo – jornais, televisão, revistas, rádio, internet, mala direta, *outdoors, displays* no ponto de venda, embalagem, pessoal de vendas etc.

5.1.2 Comunicação globalizada ou localizada?

A tendência natural de uma empresa em fase de internacionalização, segundo Keegan e Green (2000), é manter a mesma estratégia de comunicação dos produtos usada no mercado doméstico. Ainda que estes sofram adaptações para atender **às no**vas necessidades dos consumidores estrangeiros, a questão crucial que se coloca ao gerente de marketing é se a mensagem publicitária e a estratégia de mídia devem ser alteradas de região para região ou de um país para outro em razão das exigências ambientais. Apesar de ser uma alternativa rápida e de baixo custo, nem sempre é a decisão mais acertada. Geralmente, sempre há uma adaptação para realizar – por exemplo, do idioma – na estratégia de comunicação, para se alcançar o sucesso nos mercados globais.

A globalização ou a padronização da comunicação explora as semelhanças presentes em todos os mercados, **mas não garante o sucesso das vendas nos novos mercados**. Por exemplo: ao entrar nos mercados orientais, Ronald McDonald teve de abandonar a face branca, visto que a cor branca, associada à morte, lembra a aparência de uma pessoa morta. Por sua vez, a "localização" da comunicação, que requer a adaptação ou mesmo a criação de estratégias específicas para cada mercado, apesar de mais onerosa, podá garantir o retorno esperado nas transações dos mercados a conquistar.

Segundo Keegan (2000), as principais dificuldades enfrentadas por uma empresa em suas tentativas de se comunicar com os clientes em qualquer lugar são:

- » A mensagem pode não chegar ao receptor pretendido (*target*) devido ao uso de mídia inadequada, que não alcança o público-alvo da campanha.
- » A mensagem pode atingir o público-alvo, mas não ser compreendida, devido à falta de entendimento do nível de escolaridade do público-alvo ou de clareza na formulação.

> » A mensagem pode atingir o público-alvo e ser compreendida, mas não provoca a resposta desejada por falta de conhecimento do público-alvo.
> » A eficácia da mensagem pode ser prejudicada por um ruído, uma influência externa, inclusive da concorrência.

Recentemente, as companhias globais têm alternado entre o uso de estratégias-padrão para a maioria dos mercados e de estratégias específicas, especialmente para mercados com maiores exigências ambientais, para atender a requisitos culturais e legais. Isso significa que as empresas têm se preocupado em analisar os atributos mais relevantes de cada mercado e de cada país, para poder elaborar e utilizar determinada estratégia especial, de acordo com a natureza do produto.

5.2 Ações do *mix* de promoção de marketing

As ações de promoção de marketing abrangem tanto as modalidades tradicionais quanto as novas formas de mídias surgidas com o avanço das tecnologias de informação e comunicação (redes sociais, por exemplo). As mais usuais incluem propaganda, publicidade, relações públicas, força de vendas, embalagem, promoção de vendas, *merchandising*, participações em feiras, ações na internet, inclusive *buzz* marketing (marketing viral), marketing direto, patrocínios esportivos, culturais e de ações de responsabilidade social.

5.2.1 Propaganda

A propaganda é a comunicação impessoal entre a empresa e potenciais compradores, veiculada nos meios de comunicação de massa e nas novas mídias, como a mala direta e a internet, intermediadas por agências especializadas. Consiste em um processo intensivo, pago pelo anunciante, que identifica claramente o emissor da mensagem, requerendo um cuidadoso planejamento. Geralmente, representa a maior parte do orçamento de promoção da empresa.

5.2.2 Publicidade

É a forma gratuita de comunicação de massa para lançar editoriais sobre novidades e informações relevantes a respeito de ideias, bens e serviços, bem como para divulgar benefícios sociais, incentivar a boa vontade e a compreensão dos clientes e da opinião pública em geral, sendo de caráter impessoal. Portanto, não onera o orçamento de promoção da empresa para veiculação na mídia, mas requer gastos com elaboração de mensagens e deslocamentos das pessoas envolvidas, como no caso de conferência ou entrevista do autor de um livro de determinada editora.

5.2.3 Relações públicas

São ações de promoção destinadas a fomentar boas relações entre a companhia e seus vários públicos: acionistas, empregados, fornecedores, concorrentes, clientes, usuários ou consumidores e grupos de interesse, como organizações não governamentais (ONGs), mídia, órgãos governamentais, sindicatos e opinião pública. Têm como objetivos obter a compreensão do público e estabelecer tanto a comunicação externa da empresa quanto a interna, além de antecipar e neutralizar as críticas em relação à organização. Suas ações são de fundamental importância em momentos de festa e comoção pública, pois são responsáveis por representar a instituição perante a sociedade. Enquanto a comunicação interna tem como meta estabelecer uma ponte entre empresa, funcionários, distribuidores, visitantes etc., criando uma cultura corporativa adequada, a comunicação externa visa – utilizando todo o elenco de ações programadas – aumentar as vendas, diferenciar o produto dos comercializados pelos concorrentes e atrair colaboradores por meio de programas de relações com clientes, publicidade e uso de símbolos cuidadosamente elaborados para representar as marcas da empresa.

5.2.4 Venda pessoal ou força de vendas

Supõe a comunicação direta e personalizada com a audiência pretendida. Nesse contato pessoal – que pode ser cara a cara, por telefone, por meio de propaganda na televisão, internet ou outras mídias, sempre em tempo real –, o vendedor tenta persuadir o cliente a comprar o produto da empresa. Os principais contatos das empresas são *traders* internacionais, agentes de compras, de vendas e de exportação, compradores e corretores, representantes de vendas, vendedores porta a porta, ambulantes, promotores de vendas, entre outros.

5.2.5 Promoções de vendas

São ações de marketing projetadas para estimular a rápida ação do comprador, ou seja, para promover o aumento das vendas imediatas do produto. Podem beneficiar intermediários na forma de desconto sazonal, aumento nas margens de lucro e propaganda cooperativa, concursos e aumento de comissões para a força de vendas ou na forma de cupons, prêmios, brindes, bônus, pacotes de ofertas, sorteios e competições destinadas aos consumidores.

5.2.6 Merchandising

É a ação de promoção ou comunicação no ponto de venda, que pode ser dirigida à força de vendas, aos canais de distribuição ou mesmo aos consumidores. É projetada para influenciar decisões de compra mais imediatas. Entre os mecanismos mais usuais, figuram *posters*, *displays*, arranjo de embalagens, letreiros etc., mas pode apresentar ações conduzidas por pessoas para degustação, demonstrações, entrega de amostras grátis, entre outras.

5.2.7 Embalagem

A embalagem, além de proteger, identificar, informar e conservar o produto, tem a função de atrair a atenção do consumidor para o produto exposto nas prateleiras de supermercados e em vitrines de lojas. Ela deve ser atraente, fazendo com que o consumidor sinta desejo em adquirir o que está sendo vendido. Além disso, a embalagem também tem como função a lembrança no ponto de venda; no caso de produtos acondicionados em grandes volumes para o consumo gradativo, como leite em pó e outros alimentos, marca a presença da empresa de forma inconfundível nos armários de domicílios e dispensas de restaurantes.

5.2.8 Marketing boca a boca

É uma forma de comunicação interpessoal, em que usuários e não usuários de um produto ou serviço compartilham experiências e opiniões a respeito deste. Trata-se de ação confiável e não tendenciosa, visto que provém de fontes não ligadas a empresas, como amigos, familiares e líderes de opinião. É uma ferramenta importante para a decisão de compra de produtos culturais, inovadores e de turismo.

5.2.9 Marketing viral (ou *buzz* marketing)

É uma forma de expandir uma mensagem por boca a boca *on-line*. Há vários meios para propagar o marketing viral, como: *e-mail*, vídeo, áudio, jogos, *sites*, redes sociais, fotografias ou documentos. Esse tipo de marketing é mais uma das formas de uso de mídia eletrônica e tem experimentado um crescimento extraordinário, propagando informação sobre pesquisa, demonstração, venda e forma de pagamento dos produtos de uma empresa.

5.2.10 Mídias de marketing direto

Constituem mais uma forma de empreender ações de comunicação e promoção para alcançar os clientes com mensagens específicas. Incluem desde a interação com a força de vendas, uso de mala direta, catálogos, *telemarketing*, televendas até a exploração dos terminais multimídia (quiosques) e novas tecnologias de marketing direto digital e marketing *on-line*. As formas mais tradicionais são a mala direta – cartas impressas com texto padronizado, mais eficaz quando a audiência-alvo é identificada e precisamente definida – e o *telemarketing*, por meio do serviço

0800 (*toll free*), usado para transmissão de dados, chamadas de serviços, pesquisas de consumidor etc.

Outras ações de promoção incluem a participação em feiras de indústrias nacionais e internacionais, genéricas ou especializadas; congressos e seminários; manutenção de sala de exposição na fábrica ou em subsidiárias de vendas no exterior; patrocínio de eventos culturais, competições esportivas e de clubes esportivos; ações especiais relacionadas à política de responsabilidade social da empresa.

5.3 Promoção de marketing internacional

Uma empresa em fase de conquista de mercados internacionais pode usar todos os meios de comunicação empregados na promoção de produtos no mercado interno, embora, na prática, poucas pequenas e médias empresas possam investir na maioria dessas ações devido à pura falta de recursos. Além disso, nos países desenvolvidos, o custo de mídia é muito mais elevado que no Brasil. Na realidade, as empresas de menor porte, de acordo com Avaro (2001), geralmente utilizam a força de vendas como meio de comunicação. Entre as ações de promoção de marketing internacional está a **entrevista de contato comercial**, realizada para fins de difusão e promoção. Esses contatos podem ser realizados por meio de viagem individual de negócios, participação em missões comerciais no exterior, visita a membros de uma missão comercial que estão no país, participação em rodada de negócios e exposição em feira internacional.

> Nos países desenvolvidos, o custo de mídia é muito mais elevado que no Brasil.

5.3.1 Viagem de negócios

Uma viagem de negócios ao exterior implica uma ação organizada e planejada para a realização de contatos em mercados internacionais. Esses contatos têm como objetivo explorar nichos comerciais, selecionar clientes e canais de distribuição, negociar e contratar operações, apresentar produtos e projetos de parcerias, monitorar a evolução mercadológica do produto ou visitar – sistemática ou esporadicamente – clientes importantes.

5.3.2 Missão comercial

A missão de caráter comercial ao exterior consiste numa viagem de um grupo de empresários de um país ao exterior para estabelecer contato pessoal com potenciais clientes, fornecedores ou parceiros comerciais, a fim de avaliar as possibilidades de intercâmbio com os mercados visitados. Pode ser organizada pelo setor público, pelo setor privado ou por ambos, de forma conjunta. A missão pode ser **horizontal** (quando seus participantes pertencem a um único setor empresarial), **vertical** (quando envolve representantes de várias atividades), **compradora** ou **vendedora** (quando a viagem ao exterior se realiza com a intenção de comprar ou vender, respectivamente, produtos e serviços).

5.3.3 Rodada de negócios

> A rodada também pode se desenvolver como parte de um evento internacional importante.

As rodadas geralmente são viagens de negócios na forma de missão comercial, nas quais se desenvolve uma série de reuniões comerciais previamente agendadas, com os objetivos de reunir potenciais vendedores e compradores, negociar contratos de representação, agenciamento ou distribuição, desenvolver acordos de cooperação comercial e industrial, buscar sócios para *joint ventures* ou outras formas de alianças estratégicas internacionais. A rodada também pode se desenvolver como parte de um evento internacional importante, como uma conferência, um congresso, uma feira internacional ou um lançamento de *showroom*.

5.3.4 Mostras, feiras e exposições internacionais

A participação em mostras internacionais é um dos mecanismos mais utilizados pelas empresas para exibir, vender e comprar produtos e estabelecer relações comerciais de diversas naturezas. A mostra é um evento que possibilita a exposição do produto no próprio mercado de utilização, sendo um dos meios mais idôneos para a conquista ou a manutenção de mercados. Permite mostrar os atributos e apresentar o produto – no entanto, sem estabelecer contatos diretos com os importadores e os eventuais compradores. Esse tipo de promoção também permite conhecer os hábitos de consumo dos clientes do mercado-alvo, as características da comercialização do produto e o comportamento da concorrência, bem como selecionar canais de distribuição, entre outros aspectos. Podem ser organizadas por câmaras de comércio, pelo setor público ou de forma combinada, embora não se deva descartar a participação individual do empresário.

As **feiras** são mostras de caráter comercial (o que as diferencia das exposições), que se caracterizam por sua curta duração, geralmente entre 1 e 30 dias, realizadas em sedes fixas, durante todos os anos. Podem ser classificadas em **feiras gerais** – exibições de todo tipo de produtos, de livre acesso ao público e duração de 15 a 30 dias –, **monográficas** – dirigidas a um setor industrial específico, de livre acesso ao público e com duração de 7 a 15 dias – e **especializadas** – nas quais se exibe um único produto ou distintas variações deste, tendo acesso restrito ao público e duração que varia de 1 a 3 dias.

A **exposição** é uma mostra de caráter institucional, que se caracteriza por ter sede variável, longa duração (normalmente de 2 a 6 meses), acontecer, geralmente, a cada 4 anos e contar com a participação de diferentes países, cidades ou corporações globais. Seu objetivo é mostrar o nível tecnológico alcançado, as possibilidades turísticas, o desenvolvimento cultural, econômico, científico e desportivo dos participantes. As exposições sobre inovações tecnológicas – em especial na área de tecnologia de informação e comunicação – demandam longo planejamento, muitas vezes por alguns anos, e elevados investimentos para a sua realização.

Os produtos também podem ser expostos a potenciais clientes internacionais em salões internacionais, *showrooms* no exterior e centros de exposição permanente. Além disso, uma empresa pode organizar sua própria feira – na época que for mais propícia, produtiva e comercial – no mercado que deseja conquistar.

Outra forma eficiente para promover a exportação é a participação em feiras organizadas no próprio país, de prestígio internacional, com elevada concorrência de potenciais clientes, ou quando a entidade organizadora tem recursos adequados para convidar missões compradoras, isentando-as dos custos de passagens e estadias.

Os objetivos que podem levar uma empresa a participar de uma mostra comercial, segundo Albaum, Strandskov e Duerr (1998), incluem:

> » a promoção, quando a organização já atua no mercado e utiliza a mostra para incrementar as vendas;
> » a inserção, quando deseja ingressar no mercado;
> » a prova ou o teste para conhecer a reação do mercado ao produto e ao sistema comercial;
> » a venda, para usar a feira como um ponto de venda ao público;
> » a atualização sobre comportamento do mercado, concorrência, produtos, oferta e demanda de determinado setor, mudanças tecnológicas, canais de distribuição, preços, entre outros fatores;
> » a pesquisa de mercado por meio da utilização de amostra local;
> » os contatos com canais de distribuição, clientes, fornecedores de insumos e prestadores de serviços.

Para fazer o uso efetivo de feiras e exposições, deve ser feita uma preparação cuidadosa e com boa antecedência, sendo recomendável o prazo de 12 meses para o seu planejamento. Quando há diversas feiras, a avaliação daquela que seria mais conveniente para a empresa deve considerar alguns dados, como breve histórico e características principais da feira; área de exposição e edição mais recente; tipos de produtos exibidos; quantidade de público geral e profissional; organizador e seus antecedentes; forma de difusão da feira; quantidade média de expositores e de países presentes na última edição; custo básico do espaço e dos principais serviços adicionais (construção, decoração, eletricidade) por metro quadrado.

5.3.5 Outros meios utilizados em promoção internacional

Pode-se também considerar entre as mídias de promoção internacional o uso de mala direta (*mailing*) e o marketing viral, que, como foi mencionado, consistem na difusão de informações e promoções por meio de cartas, *e-mails* e redes sociais acessadas pela internet, telefones celulares, *smartphones* etc. As empresas têm evoluído muito rapidamente com os mecanismos de envio de mensagens por carta, fax ou *e-mail* e pela interação em suas páginas da internet, inclusive com a utilização de vídeos promocionais.

5.4 Planejamento da promoção de marketing

O planejamento de promoção de marketing geralmente se traduz na realização de uma campanha de propaganda ou uma campanha publicitária, que consiste no conjunto de ações de propaganda coordenadas, utilizando-se os recursos disponibilizados para a comunicação da empresa com o objetivo de atingir metas estratégicas. Seu planejamento pode ser simplificado em 3 Ms – montante, mídias e mensagem (*money, media, message*), ou seja, mediante o planejamento orçamentário (*budget*), a definição dos veículos de comunicação a serem utilizados e a elaboração da mensagem de propaganda. Entretanto, na realidade, o processo é geralmente muito mais complexo.

O planejamento detalhado da campanha de propaganda envolve a tomada de decisões sobre as seguintes variáveis: audiência-alvo; objetivos específicos; orçamento; estratégia de mídia; mensagem; estratégia da campanha; e avaliação da eficiência. A seguir, veremos um pouco sobre cada um desses fatores.

5.4.1 Audiência

A decisão de audiência se refere à escolha do público-alvo (*target*), ou seja, a quem deverá dirigir-se a campanha (empregados, distribuidores, donas de casa etc.). A audiência deve ser definida entre os principais grupos de interesse que envolvem a empresa – fornecedores, intermediários, organizações de mídia, compradores, usuários, consumidores, banqueiros e credores, acionistas, empregados, governos, comunidade local.

Nesse contexto, o acesso ao grupo focado deve considerar as diversas barreiras ao desenvolvimento da campanha, como as diferenças econômicas, os gostos e as atitudes do consumidor, a diferença de idiomas, leis e regulamentos, a disponibilidade de mídia e o processo de compra. Por exemplo: há décadas os mercados mais desenvolvidos dispõem de leis que proíbem ou limitam as mídias e os horários de propaganda de cigarros, bebidas alcoólicas e produtos farmacêuticos; outros proíbem estereótipos de gênero, o uso da palavra *melhor*, campanhas comparativas e patrocínios. Praticamente em todo o mundo, existem normas reguladoras para limitação do tempo diário destinado à propaganda nos veículos de comunicação de massa (rádio, TV etc.).

5.4.2 Objetivos específicos da campanha

Os objetivos da campanha variam de acordo com a situação da empresa e consistem, geralmente, em aumentar as vendas, difundir ou posicionar novos produtos ou serviços, promover lealdade à marca da empresa, manter boas relações com grupos de interesses, mitigar o impacto de uma crise, atrair novos sócios para as companhias, recrutar colaboradores e parceiros, provocar ação de compra imediata, entre outras metas.

5.4.3 Orçamento da campanha (*budget*)

Os critérios utilizados pelos gerentes de marketing para a fixação do orçamento de promoção variam de acordo com a atividade da empresa e a sensibilidade do consumidor à propaganda do produto. Em geral, segundo Albaum, Strandskov e Duerr (1998), **o orçamento é definido de acordo com o objetivo e as tarefas da campanha, em termos de porcentagem de vendas.** Apesar de diversas empresas creditarem sua definição ao julgamento de seus executivos, uma parcela significativa se baseia no montante gasto pela concorrência ou pela própria empresa no último ano. Essa porcentagem, segundo McCarthy e Perreault Junior (1997), pode variar de 1% – para a indústria de rádios, televisores e de serviços comerciais – a 16% – para jogos e brinquedos –, embora na maioria das indústrias tradicionais essa variação seja de 4% a 8% das vendas.

5.4.4 Meios de comunicação e estratégia de mídia

A escolha do meio de comunicação mais adequado depende da disponibilidade no mercado, da natureza do produto ou serviço, dos hábitos de mídia da audiência-alvo e das principais características dos meios de comunicação, incluindo a tiragem (mídia impressa) ou o número de aparelhos (rádio, TV, computador, telefone celular etc.), da audiência do veículo de comunicação, do alcance (geográfico), do orçamento e do padrão de exposição da propaganda nos veículos selecionados. Outras importantes características dos veículos de comunicação são a sua capacidade de distinguir a sua audiência especificamente (*targetability*), o editorial compatível com o cliente e a qualidade editorial.

Os objetivos de mídia geralmente envolvem a cobertura ampla, o alcance ou o número de pessoas ou domicílios atingidos, a frequência ou o número de vezes que a mensagem é veiculada, a continuidade ou o padrão, a dimensão, na forma de espaço de mídia ou tempo de duração. Como exemplo de mídias, podemos citar os jornais, as revistas, a televisão aberta e a cabo, as rádios AM/FM e a internet.

5.4.5 Mensagem

Após a definição da mídia, o texto da mensagem deve ser elaborado considerando-se o que as palavras e as ilustrações deverão comunicar para cada mercado-alvo e qual será a sua finalidade. Em geral, **o passo mais importante sobre essa decisão é a opção entre a padronização para todos os mercados ou a adaptação da mensagem para cada país, estratégia que envolve grandes**

dificuldades e custos. Há uma tendência entre as companhias globais de padronizar ao máximo a mensagem, adaptando-a – quando for o caso – em pouquíssimos mercados. Essa estratégia é denominada *global*. Um exemplo de mensagem global é o da Coca-Cola, que usa *"Can't beat the feeling!"* (Nada pode superar o sentimento!) nos EUA, *"I feel Coke!"* (Eu sinto Coca-Cola) no Japão, *"Unique sensation!"* (Sensação rara!) na Itália, *"The feeling of life!"* (O sentimento de vida!) no Chile e *"The life taste!"* (O sabor da vida!) no Brasil.

Os objetivos da mensagem devem ser compatíveis com os da campanha. Nesse sentido, deve difundir o produto para motivar a compra (o caso de computadores nos países em desenvolvimento), para avaliá-lo (o caso das sopas Campbell no Brasil e na Itália) ou para posicioná-lo (o caso da água mineral Perrier nos EUA).

5.4.6 Estratégia da campanha de propaganda

As decisões básicas da estratégia da campanha publicitária estão relacionadas aos recursos disponibilizados no orçamento de propaganda, aos serviços a terceirizar na elaboração da campanha (criação, produção etc.), à divisão de responsabilidade pela coordenação e ao controle das atividades programadas – portanto, das decisões relevantes do processo.

Em geral, as grandes empresas contratam uma agência de propaganda (em alguns países, essa parceria é obrigatória) para planejar e desenvolver a campanha. Na maioria dos casos, a agência responsável pela promoção doméstica é encarregada por desenvolver a campanha de propaganda em mercados internacionais. Contudo, isso nem sempre é recomendável, principalmente quando os mercados em foco apresentam um ambiente de negócios muito diferente do doméstico. Em todo caso, a escolha da agência deve considerar certos atributos relevantes, inclusive as dimensões das operações (faturamento, receita), a organização, a sensibilidade à situação dos mercados (familiaridade com a cultura e hábitos de compra do país), a área de cobertura e a percepção do comprador. Um exemplo dos processos que envolvem as decisões em uma campanha de promoção de marketing é apresentado na Figura 5.1.

5.4.7 Eficiência

A medição da eficiência da campanha publicitária, considerada uma das tarefas mais complexas da gestão de marketing, tem como objetivo avaliar os resultados registrados. Esses resultados podem ser identificados por meio de um pré-teste de apelo e reconhecimento ou por um pós-teste de reconhecimento do efeito da campanha sobre as vendas. O resultado se expressa geralmente em termos de aumento de vendas, intenção de compra, aumento de lucratividade, lembrança da marca ou do produto, percepção da mensagem, julgamento executivo, retorno de cupons etc.

Figura 5.1 – Decisão da campanha de promoção de marketing

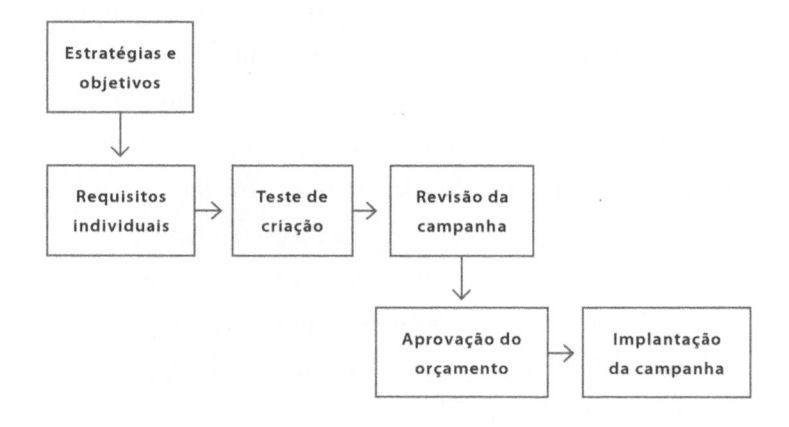

```
┌──────────────┐
│ Estratégias e│
│  objetivos   │
└──────┬───────┘
       ↓
┌──────────┐   ┌──────────┐   ┌──────────┐
│Requisitos│→  │ Teste de │→  │Revisão da│
│individuais│  │ criação  │   │ campanha │
└──────────┘   └──────────┘   └────┬─────┘
                                    ↓
                  ┌──────────┐   ┌──────────┐
                  │Aprovação do│→ │Implantação│
                  │ orçamento │   │da campanha│
                  └──────────┘   └──────────┘
```

Fonte: Albaum; Strandskov; Duerr, 1998, p. 444.

Não há uma forma de promoção preferencial para qualquer produto ou serviço. Os clientes de uma mesma empresa ou produto possuem objetivos diferentes quando buscam informações sobre a proposta do vendedor. Entretanto, há meios mais familiares a determinados produtos ou serviços. Por exemplo: as empresas aéreas divulgam seus atributos em propagandas veiculadas em jornais, revistas, rádio, televisão, internet; as indústrias de máquinas e equipamentos utilizam meios específicos de promoção, como revistas técnicas, artigos e palestras de especialistas; o comércio de geladeiras e lavadoras de roupas divulga os preços de marcas conhecidas e tem como principais meios de alcançar o público-alvo os jornais e a televisão; os produtos primários para consumo industrial são divulgados por meio da força de vendas (vendedores, representantes etc.); por sua vez, livros e *softwares* são divulgados em revistas e na internet; já a indicação de serviços médicos, odontológicos, jurídicos, entre outros, são difundidos pela comunicação boca a boca.

Os gerentes de marketing internacional geralmente buscam diretrizes para selecionar as ações que deverão ser utilizadas e identificar em que proporção estas deverão ser combinadas. Os principais fatores considerados na tomada de decisão sobre o *mix* de promoção de marketing, segundo Albaum, Strandskov e Duerr (1998), incluem disponibilidade de fundos e recursos (*budget*); custo das atividades promocionais nos mercados-alvo; grau de competição em curto e longo prazos nos mercados em foco; tipo e nível de preço do produto; modos de entrada nos mercados adotados, alguns deles possibilitando a divisão dos custos com os canais de distribuição no exterior; nível de desenvolvimento; tamanho do mercado e dos segmentos focados; e meios de comunicação disponíveis.

Para saber mais

CONAR – Conselho Nacional de Autorregulamentação Publicitária.
Códigos e anexos. Disponível em: <http://www.conar.org.br>. Acesso em: 6 fev. 2012.

Na maioria dos países, há uma coletânea de leis e regulamentos estabelecida pelo Poder Judiciário para coibir a falta de ética na atividade publicitária. No Brasil, o comprometimento das agências motivou a elaboração de normas voluntárias de controle da atividade.

IKEDA, A.; CHIUSOLI, C.; PACANHAN, M. A comunicação integrada de marketing das agências de propaganda e anunciantes: um estudo de caso. In: SEMINÁRIOS EM ADMINISTRAÇÃO, 7., 2004, São Paulo. **Anais...** São Paulo: Universidade de São Paulo, 2004. Disponível em: <http://www.ead.fea.usp.br/semead/7semead/paginas/artigos%20recebidos/marketing/MKT24_-_Comunica%E7%E3o_Integrada_Marketing.PDF>. Acesso em: 23 jan. 2013.

O artigo tem como finalidade demonstrar a utilização da ferramenta da comunicação integrada de marketing (CIM) na relação entre as agências de propaganda e os anunciantes. Essa estratégia integra ações de pessoal de vendas, relações públicas, publicidade, promoções de vendas e propaganda e é empregada pelas agências de acordo com as características dos produtos e/ou serviços do anunciante.

RAUPP, R.; CAMPANA FILHO, C.; PINTO, N. **Estratégias de comunicação em marketing.** Rio de Janeiro: Ed. da FGV, 2009.

Esta é uma obra introdutória sobre o assunto que, de forma didática e com linguagem simples, aborda conceitos e estratégias relativos à promoção de marketing, enfatizando o papel da comunicação no *mix* de marketing, os princípios básicos da comunicação em cenário dinâmico e uma visão global da comunicação corporativa. Recomendável a leitura para profissionais de marketing e de outras áreas de gestão.

Síntese

Neste capítulo, tivemos como foco as ações que compõem o *mix* de promoção de marketing das empresas. Vimos a importância de divulgar de forma eficiente e eficaz o produto, a marca e os outros benefícios oferecidos pela empresa nos mercados domésticos e internacionais. Trata-se de uma tarefa importante, sendo uma forma eficiente de obter vantagem competitiva e de apresentar os diferenciais do produto ou serviço, de modo que estes sejam percebidos pelos consumidores, despertando neles o desejo de o adquirirem.

Assim, trouxemos para você os principais conceitos, as técnicas e as estratégias sobre a promoção dos produtos e das empresas. Fique atento e procure perceber que os mercados globais se assemelham, porém são diferentes, como é também a percepção das mensagens comunicadas nos diversos idiomas e linguagens, inclusive a do silêncio.

Questões para revisão

1. Identifique a resposta correta sobre os cinco meios de comunicação do composto de mídia para a campanha de barbeador elétrico de sua empresa destinada a três novos mercados internacionais "A", "B" e "C", cujos indicadores de audiência são dados a seguir.

   Observação: Perguntou-se aos potenciais clientes de que forma eles recebem informações sobre os lançamentos de barbeadores elétricos.

Veículos	País A	País B	País C
TV aberta	16%	22%	31%
TV a cabo	19%	16%	2%
Jornais	1%	3%	11%
Revistas semanais	12%	11%	13%
Revistas masculinas	5%	3%	1%
Sites na internet	32%	25%	14%

(continua)

(conclusão)

Veículos	País A	País B	País C
Redes sociais	10%	3%	1%
Rádios AM/FM	1%	15%	21%
Cinema	1%	1%	5%
Outros	3%	1%	1%

a. TV aberta, TV a cabo, jornais, internet e rádios.
b. Internet, TV aberta, TV a cabo, revistas semanais e rádios.
c. TV aberta, redes sociais, internet, TV a cabo e jornais.
d. Internet, redes sociais, TV a cabo, TV aberta e revistas masculinas.
e. Jornais, TV aberta, revistas semanais, internet e rádios.

2. Identifique as principais decisões do gerente de marketing em relação à estratégia de comunicação internacional:

   a. Objetivos, mídia, mensagem, orçamento e desempenho da campanha.
   b. Mensagem, mídia, controle de desempenho, padronização e coordenação.
   c. Composto de mídia, objetivos, orçamento, coordenação da campanha, mensagem.
   d. *Budget*, mensagem, coordenação da agência, controle da campanha e orçamento.
   e. Mensagem, composto de mídia, orçamento, padronização e objetivos.

3. Qual das seguintes ações de promoção de vendas seria a mais recomendável para manter a participação de mercado de determinado eletrodoméstico?

a. Recebimento de cupons para concorrer a ingresso em jogo de beisebol.
b. Usar o *trade-in*, aceitando o produto usado por um bom desconto no preço do novo.
c. Recebimento de cupons para concorrer a sorteio de viagem de fim de semana.
d. Traje esportivo de corrida com a marca da empresa em cada compra.
e. Brinde de capa de couro para acondicionar o produto durante as viagens.

4. Selecione três meios de comunicação de massa de sua cidade para veicular mensagem e reforçar a venda de materiais esportivos importados da Europa e dos EUA (considerar os uniformes dos clubes de maior prestígio do futebol da Itália, da Espanha e da Alemanha e dos clubes de basquete da Liga Nacional dos Estados Unidos – NBA). Justifique a sua resposta.

5. O gerente de marketing internacional da Indústria de Móveis Global Ltda., de Porto Alegre (RS), tradicional exportadora para mercados europeus, estuda a viabilidade do lançamento de uma campanha publicitária para conquistar os mercados dos países-membros do Mercosul. Qual estratégia seria naturalmente recomendável na área de propaganda? Justifique a sua resposta.

capítulo 6
canais de distribuição em mercados internacionais

Conteúdos do capítulo

» Conceito dos canais de distribuição em marketing internacional.
» Sistemas especializados de distribuição física internacional.
» Definição e abrangência dos termos comerciais internacionais (Incoterms 2010).
» Transporte internacional de mercadorias.

Após o estudo deste capítulo, você será capaz de:

1. identificar e usar os conceitos e os tipos de canais de distribuição em marketing internacional.
2. familiarizar-se com os sistemas especializados de distribuição física internacional.
3. distinguir e utilizar os termos comerciais internacionais (Incoterms 2010).
4. identificar e compreender os atributos dos modos de transporte internacional de mercadorias.

Um dos maiores desafios da gestão empresarial se encontra no campo da distribuição física internacional (DFI). Apesar dos avanços tecnológicos que proporcionaram os sistemas de produção contínuos e os sistemas de vendas e meios de pagamento eletrônicos em alguns segundos, os sistemas de transporte ainda não conseguiram otimizar o tempo de entrega de uma encomenda, que, desde a expedição até o recebimento desta pelo comprador, pode chegar a 180 dias no caso de determinados países de procedência e de destino. Desse modo, veremos neste capítulo os aspectos necessários para termos uma visão global da gestão da DFI.

6.1 Distribuição física internacional (DFI)

O planejamento do elemento **praça** do composto de marketing, que envolve a distribuição, consiste em programar a disponibilização dos produtos no momento e nos lugares certos, com a qualidade e as quantidades exigidas pelo cliente, de modo que possa satisfazê-lo e ser-lhe conveniente. Os principais objetivos associados à distribuição se referem geralmente à **cobertura de mercado** – que pode ser intensiva (todos os mercados e segmentos), seletiva (alguns mercados e segmentos), exclusiva (só um mercado ou segmento) ou local (só no mercado doméstico); ao **tempo de atendimento do pedido do cliente**, utilizando-se os meios eletrônicos disponíveis para maior eficiência; à **rapidez nos serviços**, especialmente de entrega, reposição e assistência técnica; e à **conservação do produto**, mediante a manutenção e a conservação de mercadorias perecíveis, na forma recomendada e no ambiente adequado para evitar perdas por deterioração.

A distribuição é desempenhada por um ou mais canais – grupo de instituições que, em última instância, trasladam os produtos desde o local de fabricação até os pontos de venda, tornando-os disponíveis aos usuários ou aos consumidores finais. Nesse processo, esses intermediários podem desempenhar as funções de pesquisa de informações sobre consumidores, concorrentes e outros aspectos do mercado-alvo; sobre aquisição, sortimento e estocagem, mediante a programação de compras de produtos variados para disponibilização aos clientes; sobre informações e promoção, para comunicar as ofertas; sobre negociação, venda e financiamento, adaptando os preços, avaliando e concedendo créditos; sobre preparação dos produtos para o embarque, providenciando embalagem, acondicionamento e movimentação; sobre transporte e entrega, no prazo combinado e no local estipulado. Desempenham também outras atividades, incluindo a pós-venda, como a montagem e o teste de máquinas e equipamentos, assistência técnica e garantias.

Os canais de distribuição no mercado doméstico podem ser agrupados de acordo com o volume de mercadorias com que operam em organizações de atacado – que incluem distribuidores, atacadistas, supermercados, hipermercados, *shopping centers*, *megastores* e cooperativas – e de varejo – que incluem lojas (de fábrica, de especialidades, de conveniência, exclusivas da marca, de departamentos, de *shopping*, franqueadas, de descontos, virtual, de concessionárias etc.), vendedores (ambulantes, feirantes, porta a porta, por catálogo), vendas eletrônicas (televendas, vendas na televisão, *e-commerce*) e pontos de autosserviço, que incluem as máquinas de venda.

A escolha dos canais de distribuição depende das características do mercado, da natureza e das especificações do produto. Os materiais básicos, também denominados *commodities*, operam com corretores, grandes distribuidores e atacadistas; os produtos industriais contam com a intermediação de agentes e representantes; os objetos de valores específicos elevados, como joias e obras de arte, são negociados por *marchands* diretamente com lojas de especialidades – nesse caso, joalherias e galerias, respectivamente. Outros produtos de luxo, de grife ou de elite são oferecidos em estabelecimentos franqueados da marca em lojas de *shopping centers* ou de departamentos.

Esses canais aumentam o valor agregado no varejo, geralmente proporcionando benefícios adicionais, como conveniência de localização; estacionamento; entrega em casa; disponibilidade de estoque para pronta entrega; sortimento de produtos; atendimento por pessoal especializado; demonstração, experimentação e degustação; clima e atmosfera do ponto de venda; imagem de confiança e segurança; compra no atacado a preços mais baixos; venda a prazo e financiada; informações sobre promoções, orientação sobre atributos e uso; e atendimento pós-venda e assistência técnica.

> A escolha dos canais de distribuição depende das características do mercado, da natureza e das especificações do produto.

Os **sistemas de distribuição** podem ser de envolvimento **direto** (equipe própria) ou **indireto** (por meio de canais intermediários), sendo definidos segundo as características do cliente (quantidade, poder de compra, distribuição geográfica, hábitos de compra, reações aos diferentes métodos de venda); do produto (grau de padronização, volume, exigências de serviços, preço unitário de venda etc.); do intermediário (seletivo, agressivo etc.); e do ambiente de negócios (situação econômica, política etc. do país ou do estado). Para bens de consumo, o sistema pode variar de acordo com o número de canais desejáveis na cadeia de distribuição – em geral, prevalecendo os sistemas de vendas diretas aos clientes ou por meio de intermediários (múltiplos canais) com, por exemplo, até três intermediários, conforme mostra a Figura 6.1.

Figura 6.1 – Sistemas de distribuição para bens de consumo

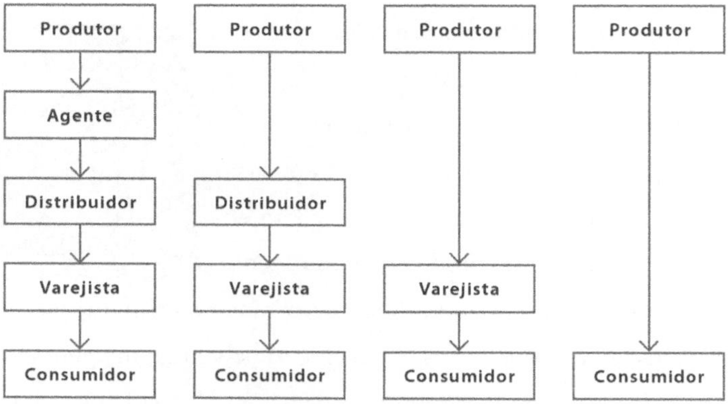

Produtor	Produtor	Produtor	Produtor
Agente			
Distribuidor	Distribuidor		
Varejista	Varejista	Varejista	
Consumidor	Consumidor	Consumidor	Consumidor

A escolha do canal deve se fundamentar em informações obtidas por meio de contatos pessoais, diretórios, periódicos e feiras no exterior; junto com subsidiárias no exterior, canais compradores, representantes, filiais de vendas, *trading companies* etc.; usando qualquer tipo de mídia – telefone, fax, carta, *e-mail*, entre outros.

6.2 Canais de distribuição em marketing internacional (DFI)

A distribuição em marketing internacional (DFI) pode ser analisada de forma segmentada. Em uma primeira etapa, as mercadorias devem ser entregues à custódia do transportador para que este as transporte até o local de entrada no mercado-alvo. Na segunda etapa, já no mercado de destino, as mercadorias são admitidas no sistema doméstico de distribuição da empresa importadora, com o processamento de pedidos dos clientes locais (internacionais).

A DFI requer conhecimentos de novas áreas para o gerente de logística, incluindo as normas administrativas e aduaneiras aplicáveis ao comércio exterior, os processos e os equipamentos para preparação e transporte de cargas e as documentações comercial e financeira associadas aos pagamentos e às garantias. Em todo caso, para obter a eficiência de custo desejável, a empresa deve definir os objetivos dos canais de distribuição e a remuneração compatível com estes, bem como promover o uso intensivo de informação eletrônica, a coordenação e o controle de custos em todas as etapas da distribuição e o aperfeiçoamento constante.

Portanto, o processo de planejamento da DFI requer decisões do composto logístico da empresa e gestão das atividades de suprimento (abastecimento de insumos); processamento de pedidos (atendimento e documentação); informações e comunicações (interação com clientes e usuários); armazenagem (centros de distribuição e entrepostos aduaneiros); gerência de estoques (estoque zero, estoques em consignação etc.); transportes e seguros (custo, rapidez e segurança); expedição (embalagem, acondicionamento e movimentação); pós-venda (montagem e teste); além de outros fatores eventuais, incluindo garantia e assistência técnica.

Nesse sentido, processam-se diversos fluxos, inclusive de materiais e produtos (direto do fornecedor ao cliente ou com a participação de canais intermediários, como importadores, distribuidores, atacadistas e varejistas); de propriedade das mercadorias, de receitas referentes às transações; de promoção e propaganda (realizadas pela empresa vendedora aos seus clientes); e de informações, sendo as mais oportunas aquelas obtidas com os usuários ou os consumidores finais dos mercados internacionais. Nesse contexto, surgem novos operadores logísticos e canais especializados entre os quais descritos a seguir:

» *Export trading companies* – Sociedade anônima constituída no Brasil de acordo com o Decreto-Lei nº 1.248, de 20 de novembro de 1972 (Brasil, 1972), intermediária na comercialização internacional, que compra mercadorias no país para posterior revenda a empresas domiciliadas no exterior e cuja venda é equiparada à exportação para efeitos fiscais.

» **Empresas comerciais exportadoras** – Canal intermediário na comercialização internacional que compra mercadorias no país de origem para posteriormente revendê-las a empresas domiciliadas no exterior. Esse tipo de venda é considerado exportação indireta para efeitos fiscais.

» **Agente de exportação** – Pessoa intermediária que representa a empresa exportadora no momento de prospectar os clientes do mercado externo ou estabelecer contatos comerciais com empresas de interesse da exportadora, mediante recebimento de comissão proporcional ao preço de venda. O agente pode, adicionalmente, realizar pesquisas de mercado, negociar operações, providenciar trâmites oficiais, monitorar o recebimento das transações etc.

» **Operador de transporte multimodal (OTM)** – Pessoa jurídica, transportador ou não, que por si só – ou por meio de um terceiro que atua em seu nome – celebra um contrato de transporte multimodal, atuando como o responsável principal e não somente como agente comissionado, responsabilizando-se pela coordenação dos diferentes meios de transporte que intervêm em um traslado da mercadoria internacional, cobrindo a administração desde a coleta inicial até a recepção da mercadoria no destino final, nos devidos prazo e forma, de acordo com o que está consignado no respectivo documento de transporte.

» **Agente de carga expressa (*courier*)** – Empresa que presta serviços de remessa, porta a porta, de documentação e/ou de pequenas amostras e/ou volumes de mercadorias de um país para outro. É de fundamental importância para o comércio exterior, visto que encurta distâncias, cumprindo com a exigência de velocidade de entrega, crucial no comércio internacional.

» **Agente embarcador (*freight forwarder*)** – Agente de comércio exterior que desenvolve todas as tarefas em nome do comprador no país de exportação, assim como o despacho posterior dos bens adquiridos para o país de destino, por conta de um cliente no exterior; portanto, oferece assessoria, realiza compra de materiais, seleciona fornecedores, elabora contratos comerciais, contrata frete para transporte internacional e seguro de transporte, remete a documentação de embarque ao comprador etc.

- » **Despachante aduaneiro** – Agente autônomo, ou empresa prestadora de serviços auxiliares do comércio exterior (comissário de despacho), habilitado para gerenciar em nome e por conta de um terceiro os clientes, os registros e os trâmites de admissão e de liberação das mercadorias em relação às repartições da alfândega.
- » **Agente marítimo** – Representante dos armadores em zonas estrangeiras que atua em nome do titular, assumindo os compromissos legais do mandante em relação às autoridades do país em que se encontra, assim como as relações e as necessidades que ocorram entre terceiros.
- » **Agente de carga aérea** – Autônomo ou empresa de serviços que assessora o cliente para efetuar o transporte internacional de mercadorias por via aérea e o seguro de transporte. Efetua as reservas de praça nos voos, consolida vários volumes, juntando-os em unidades de carga maiores para o embarque, e desconsolida essas unidades em volumes menores após o desembarque; proporciona comodidade para a coleta de mercadorias para embarque, prepara a documentação do frete aéreo preenchendo os formulários, traça rotas de consignações, planeja as entregas, emite a documentação em idioma estrangeiro etc.
- » **Outros canais** – Agentes de despacho, compradores especializados em adquirir mercadorias para empresas exportadoras (*sourcers*), empresa exportadora de produtos de outras empresas (*piggyback*), compradores de créditos comerciais (*confirming houses*) e comerciantes oportunistas que exportam esporadicamente (*jobbers*).

Na distribuição internacional de **bens de consumo**, o **sistema pode ser direto do produtor ao cliente**, com participação de equipe de vendas (porta a porta, em loja própria ou franqueada, por correio), ou **intermediado**, em que uma rede mais longa envolve agente ou vendedor, importador, distribuidor, atacadista e varejista para chegar ao cliente. No caso de **bens industriais**, a distribuição pode ser **direta do produtor ao comprador** ou **com participação de um agente** – representante ou corretor, importador, distribuidor, atacadista e varejista –, para chegar ao comprador industrial.

Uma tendência observada nas últimas décadas é a progressiva terceirização das atividades logísticas nos mercados globais, com o surgimento de operadores logísticos contratados, que, segundo Albaum, Strandskov e Duerr (1998), são aqueles responsáveis por realizar funções de gestão e distribuição de materiais e mercadorias para empresas iniciantes ou que não dispõem de escala, ou seja, não produzem quantidades suficientes para obter reduções significativas nos custos fixos. Portanto, quando as operações não representam volumes significativos para os padrões do marketing internacional, as exportadoras terceirizam as atividades logísticas e de marketing global, usando intermediários especialistas em diversas áreas. Os fatores relevantes para a decisão de terceirizar operações logísticas incluem o mercado e o ambiente de negócios, o nível de envolvimento da empresa com a exportação e a estrutura da gerência. As variáveis a considerar na escolha do operador incluem preço, qualidade, entrega pontual, soluções rápidas, nível tecnológico e relações de longo prazo.

Na gestão de DFI, **o transporte desempenha papel crucial**, interferindo na rapidez da entrega (velocidade), na frequência de oferta (disponibilidade), nas economias de escala (peso deslocado), no preço de venda (custo de frete), na redução de reposições (confiabilidade), na periculosidade (seguro de carga), na entrega ponto a ponto (alta flexibilidade) e na continuidade (transferência contínua).

Os principais problemas dos canais de distribuição, de acordo com Keegan (2006), geralmente decorrem das reclamações do fabricante e dos intermediários de ações desleais da outra parte da parceria.

De um lado, o fabricante reclama que os intermediários:

» não fornecem informações sobre a clientela;
» disputam o rateio das margens com os canais de distribuição;
» não investem para melhorar o atendimento aos clientes;
» praticam preços abaixo dos veiculados nas listas que lhes são fornecidas;
» não reduzem o lucro para aumentar o giro do estoque.

Por sua vez, os intermediários reclamam que o fabricante:

» passa por cima do intermediário e vende diretamente aos clientes;
» discrimina preço entre os setores ou segundo o porte dos clientes;
» promove guerra de preços no varejo;
» contrata novos canais em sua região, aumentando a oferta;

- » opera por meio de muitos intermediários, reduzindo a área das regiões de vendas;
- » reduz o apoio ao intermediário por suspeita de deslealdade;
- » não repassa reduções de custo de produção obtidas com as vantagens de aumento alcançadas nas vendas.

6.3 Responsabilidade do exportador na distribuição internacional

O nível de envolvimento da empresa exportadora no processo de DFI depende dos termos de entrega das mercadorias ao comprador, geralmente definidos pelos termos comerciais internacionais (Incoterms 2010) aplicáveis ao embarque. **Os Incoterms são cotações de preços internacionais, padronizadas pela Câmara de Comércio Internacional a partir de 1936, que definem a divisão dos custos logísticos e os riscos de perdas e danos entre as partes da transação.**

Na revisão de 2010, atualmente em vigor, foram definidos 11 termos de entrega – que foram divididos em 4 grupos, segundo a progressão dos serviços e a agregação de despesas:

- » **Grupo E**: para entrega da mercadoria nas instalações do vendedor.
- » **Grupo F**: para entrega da mercadoria ao transportador, sem inclusão do frete no preço.
- » **Grupo C**: para entrega ao transportador, com o frete incluído no preço.
- » **Grupo D**: para entrega da mercadoria em local combinado no país de destino.

Além disso, foram definidos termos de entrega para quaisquer modos de transporte internacional (EXW, FCA, CPT, CIP, DAP, DAT e DDP) e termos exclusivos para transporte por meio aquaviário – marítimo, hidroviário e de cabotagem (FAS, FOB, CFR e CIF).

A seguir, veremos quais são os 11 Incoterms e seus respectivos **grupos**.

> O texto sobre os Incoterms 2010 teve como base o documento publicado no seguinte *link*: <http://www.mdic.gov.br/arquivos/dwnl_1311715093.pdf>.

6.3.1 Grupo E (entrega no estabelecimento do vendedor)

» **EXW – *Ex Works* (em estabelecimento do vendedor, no local designado)** – O vendedor se compromete a entregar a mercadoria ao comprador em seu próprio local de produção (fábrica, plantação, mina, armazém), no prazo estabelecido. Ficam sob responsabilidade do comprador os riscos e as despesas envolvidos desde a retirada da mercadoria do local de produção designado até o local de destino final. Esse termo representa a obrigação mínima do vendedor e não pode ser usado para as exportações brasileiras, por restrições das normas aduaneiras.

6.3.2 Grupo F (entrega no país de exportação, preço não inclui o frete internacional)

» **FCA – *Free Carrier* (livre no transportador, em local designado)** – O vendedor é responsável pela mercadoria até o momento de entrega desta ao transportador designado pelo comprador, desembaraçada para exportação com a repartição aduaneira no local designado. Se o local de entrega combinado entre as partes for um estabelecimento do vendedor, este ficará responsável pelo carregamento no veículo de coleta; caso contrário, o descarregamento das mercadorias do veículo de entrega será por conta do comprador. De acordo com a prática comercial, se o comprador solicitar ao vendedor assistência para contratação do transporte, o vendedor poderá atuar por conta e risco do comprador. **Pode ser usado para qualquer modo de transporte, inclusive o multimodal.**

» **FAS** – *Free Alongside Ship* **(livre no costado, no porto de embarque nominado)** – As obrigações do vendedor se encerram no momento em que este entrega a mercadoria, desembaraçada no estabelecimento aduaneiro para exportação, ao transportador designado pelo comprador no costado do navio, no cais ou em uma barcaça, no porto de embarque nominado. O vendedor responde pelos custos, pelos riscos de danos e pelas perdas em relação às mercadorias até que estas sejam entregues no local e no momento determinados. **É usado somente para meio de transporte aquaviário.**

» **FOB** – *Free on Board* **(livre a bordo, no porto de embarque nominado)** – O vendedor é responsável pela mercadoria até o momento em que esta, desembaraçada para exportação na repartição aduaneira, é entregue carregada, estivada e arrumada a bordo do navio, no porto designado pelo comprador. O vendedor responde pelos custos e pelos riscos de danos, além das perdas em relação às mercadorias, até o momento da entrega. **É usado somente para meio de transporte aquaviário.**

6.3.3 Grupo C (entrega no país de exportação, preço inclui o frete internacional)

» **CPT** – *Carriage Paid to* **(transporte pago até o local de destino nominado)** – O vendedor se compromete a entregar as mercadorias, desembaraçadas para exportação na repartição aduaneira, no local de destino designado pelo comprador. O vendedor responde pelos custos e pelos riscos de danos e pelas perdas em relação às mercadorias até o local e o momento da entrega. Além disso, o vendedor também arca com as despesas do frete de transporte internacional das mercadorias até o destino estipulado no país do importador. O comprador irá assumir as despesas e os riscos do transporte da mercadoria assim que a transportadora assumir a custódia destas. **Pode ser usado para qualquer modo de transporte, inclusive o multimodal.**

» **CIP** – *Carriage and Insurance Paid to* **(transporte e seguro pagos até o local de destino nominado)** – O vendedor assume as mesmas responsabilidades estipuladas pelo termo CPT, com a diferença de que, segundo o termo CIP, também fica responsável por pagar o seguro do transporte da carga até o destino estipulado. Os riscos de danos e as perdas das mercadorias passam a ser do comprador a partir do momento em que a transportadora assumir a custódia da carga. O comprador deve estar ciente de que, sob o termo CIP, o vendedor é obrigado somente a contratar o seguro com a cobertura mínima. **Pode ser usado para qualquer modo de transporte, inclusive o multimodal.**

» **CFR** – *Cost and Freight* **(custo e frete até o porto de destino nominado)** – O vendedor é responsável pela mercadoria até o momento em que esta, desembaraçada para exportação na repartição aduaneira, é entregue carregada, estivada e arrumada a bordo do navio, no porto designado pelo comprador. O vendedor fica também responsável pelo pagamento das despesas decorrentes da colocação da mercadoria a bordo do navio e pelo frete marítimo internacional referente ao transporte das mercadorias até o porto de destino combinado com o comprador. Este, então, passará a arcar com os riscos e os danos da mercadoria a partir do momento em que for colocada a bordo do navio, ficando responsável por contratar o seguro e pagar as despesas gastas com o desembarque. **É usado somente para meio de transporte aquaviário.**

» **CIF** – *Cost, Insurance and Freight* **(custo seguro e frete até o porto de destino nominado)** – O vendedor assume as mesmas responsabilidades estipuladas pelo termo CFR, com a diferença de que, segundo o termo CIF, também fica responsável por pagar o seguro do transporte da carga até o destino estipulado. Os riscos de danos e as perdas das mercadorias passam a ser do comprador a partir do momento em que a transportadora assumir a custódia da carga. O comprador deve estar ciente de que, sob o termo CIF, o vendedor é obrigado somente a contratar o seguro com a cobertura mínima. **É usado somente para meio de transporte aquaviário.**

6.3.4 Grupo D (entrega no país de destino)

» **DAT** – *Delivered at Terminal* **(entregue no terminal no porto ou no local de destino nominado)** – O vendedor fica responsável pela mercadoria até o momento em que esta é entregue à disposição do comprador, em um local designado no país de importação. O vendedor responde pelos riscos e pelos custos até o local e o momento da entrega, exceto os direitos aduaneiros, os impostos e outros encargos para desembaraço das mercadorias para importação. **Pode ser usado para qualquer modo de transporte, inclusive o multimodal.** Para aplicação dessa cotação, *terminal* significa qualquer local, coberto ou não, escolhido para a recepção das mercadorias, inclusive armazém, terminal de contêineres, terminal aéreo ou depósito de transportador rodoviário.

» **DAP** – *Delivered at Place* **(entregue no local de destino nominado)** – O vendedor fica responsável por entregar a mercadoria, pronta para ser descarregada do veículo transportador e não desembaraçada para exportação, até o local de destino – que pode ser um porto ou qualquer outro local (exceto em terminal alfandegado) –

estipulado pelo comprador, dentro da data ou do período acordados. O vendedor responde pelos riscos e pelos custos até o local e o momento da entrega, exceto os direitos aduaneiros, os impostos e outros gastos para desembaraço das mercadorias para importação. **Pode ser usado para qualquer modo de transporte, inclusive o multimodal.**

» **DDP** – *Delivered Duty Paid* **(entregue com direitos pagos no local de destino nominado)** – O vendedor fica responsável pela mercadoria, não descarregada do veículo de entrega e desembaraçada para importação, até o momento em que é colocada à disposição do comprador no local de destino designado no país importador (dentro da data e/ou do período estipulados). O vendedor responde por todos os riscos e custos, incluindo o pagamento de direitos aduaneiros, impostos e outros encargos (exceto a despesa de descarregamento do veículo de entrega) para o desembaraço das mercadorias para importação até o local e o momento da entrega. Esse termo representa a obrigação máxima para o vendedor e não pode ser usado para as importações brasileiras, por restrições das normas aduaneiras. No entanto, **pode ser usado para qualquer modo de transporte, inclusive o multimodal.**

Assim, é importante observar que:
» Sob os termos EXW, FCA, FAS, FOB, DAT, DAP e DDP, o local denominado é onde ocorre a entrega e a transferência dos riscos ao comprador.

> » Sob os termos CPT, CFR, CIP e CIF, o local denominado é o local até onde o transporte é pago; nesse caso, o local de entrega, com transferência dos riscos, é aquele acordado entre as partes, no país do vendedor.
>
> » O local de entrega para os termos FOB, CFR e CIP, usados somente para transporte marítimo, é o mesmo, ficando a diferença entre eles nas despesas incluídas nos preços segundo essas cotações. Por sua vez, o mesmo ocorre com os termos FCA, CPT e CIP, termos usados para quaisquer modais de transporte (conforme Figura 6.2).

Na tabela dos Incoterms do Sistema Integrado de Comércio Exterior (Siscomex), consta ainda a cotação OCV (outra condição de venda) e a condição de venda INI (Incoterm não identificado).

Figura 6.2 – Quadro geral dos Incoterms 2010

Incoterms para uso de transporte marítimo

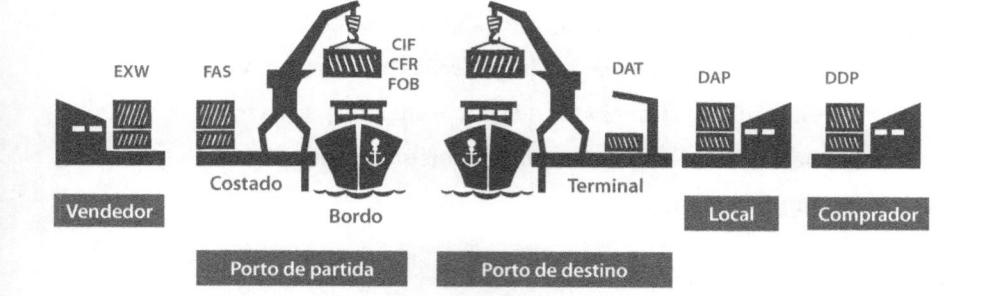

Incoterms para uso de qualquer meio de transporte

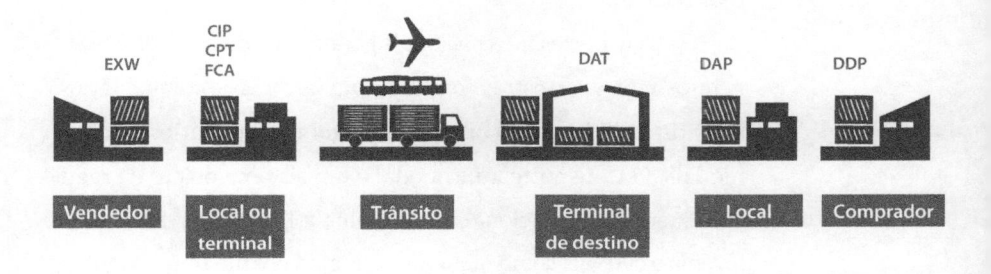

| EXW | CIP CPT FCA | | Trânsito | Terminal de destino | DAP | DDP |

Vendedor — Local ou terminal — Trânsito — Terminal de destino — Local — Comprador

Fonte: Elaborado com base em ICC, 2013.

6.4 A decisão sobre o modo de transporte internacional

A DFI dos produtos é uma das quatro partes da logística (as outras são a logística de suprimentos, de produção e reversa). Portanto, considera-se que o objeto da distribuição é, segundo Lambert e Stock (1998), o mesmo da logística integrada, caracterizada pelos 5 Rs (em português, 5 Cs), ou seja, oferecer o **produto certo**, no **lugar certo**, no **momento certo**, nas **condições certas**, ao **custo certo**. A decisão a respeito da DFI abrange várias atividades do composto logístico, incluindo o processamento de pedidos, a armazenagem, a gestão de estoques de produtos, o transporte, o seguro, a assistência técnica, as informações etc. Destacando-se entre as atividades primárias, a decisão sobre o sistema de transporte é fundamental para a eficiência da distribuição e merece especial atenção do gerente de marketing internacional.

Os transportes internacionais geralmente disponíveis abrangem os meios terrestres (rodoviário e ferroviário), aquaviários (marítimo, hidroviário ou de cabotagem), dutoviários e multimodais. O transporte multimodal é um sistema objeto de regulamentação internacional, definido pela Lei nº 9.611, de 19 de fevereiro de 1998, como "aquele que, regido por um único contrato, utiliza duas ou mais modalidades de transporte, desde a origem até o destino, e é executado sob a responsabilidade única de um Operador de Transporte Multimodal" (Brasil, 1998) registrado na Agência Nacional de Transportes Terrestres. Esse meio de transporte compreende,

> além do transporte em si, os serviços de coleta, unitização, desunitização, movimentação, armazenagem e entrega de carga ao destinatário, bem como a realização dos serviços correlatos que forem contratados entre a origem e o destino, inclusive os de consolidação e desconsolidação documental de cargas. (Brasil, 1998)

Independentemente de disponibilidade, a decisão sobre o modal de transporte deve considerar, em relação às mercadorias, a natureza da carga (estado físico, dimensões lineares, embalagem, peso líquido e bruto, volume ou cubagem, propriedades químicas etc.), a resistência a intempéries, as possíveis restrições legais e os valores unitário e total, entre outros fatores.

Do ponto de vista das condições da atividade de transporte, são importantes os locais de coleta, embarque e destino, a distância total a percorrer, cargas mínimas e máximas permitidas pelo veículo, periodicidade do serviço, período de trânsito, tarifa de frete, cobertura e prêmio do seguro da carga, formalidades requeridas pré e pós-embarque e outros custos referentes a outros serviços associados, como embalagem, acondicionamento, movimentação e armazenagem nos terminais de partida e de chegada, documentação requerida e formalidades, conforme Quadro 6.1.

Desse modo, a avaliação dos modais deve levar em conta uma série de características típicas, como capacidade, frequência, rapidez, exigências em relação a documentos, embalagens e informações específicas que contribuem para a estimativa do custo logístico total do embarque. O **custo total** compreende os custos na fase pré-embarque (pré-aproximação, armazenagem, documentação e formalidades), frete e outros custos no período de trânsito, custos na fase pós-embarque (armazenagem, transporte interno, tributos e formalidades) e custo financeiro de estoque sobre todo o período de trânsito.

Nesse contexto, segundo Avaro (2001), os principais modais de transporte internacional apresentam vantagens e limitações, que podem ser resumidas da seguinte maneira:

» **Transporte marítimo** – Recomendável para embarques de grandes quantidades e de longas distâncias, para mercadorias de formas complexas e materiais perigosos, sendo econômico e contando com navios especializados segundo a natureza da carga (graneleiros, para automóveis, tanques, para contêineres, carga geral etc.). Por outro lado, é relativamente lento, requer armazenagem pré e pós-embarque, há muita movimentação da carga e tem frequência espaçada.

» **Transporte aéreo** – Rápido, cobre grandes distâncias, com oferta frequente, manipulação de carga segura; gera economia de embalagem e de armazenagem; requer pouca movimentação pré e pós-embarque; permite acesso a qualquer região. Por outro lado, é caro e de capacidade limitada, inadequado para mercadorias de grandes dimensões ou formas complexas, sendo proibido para mercadorias perigosas.

» **Transporte rodoviário** – Recomendável para cargas e distâncias menores devido à pequena capacidade dos veículos; é rápido e não movimenta a carga nos terminais; permite economia de embalagens e de armazenagem pré e pós-embarque e acesso a qualquer região. Por outro lado, é caro (menos que o aéreo) e é mais suscetível a roubos e acidentes.

» **Transporte ferroviário** – Recomendável para cargas muito pesadas (carvão, minérios, petróleo etc.) e longas distâncias; é econômico e dispõe de vagões especiais conforme o tipo de carga; permite ramais particulares. Por outro lado, é lento e movimenta muito a carga em transbordos nos terminais, sendo de oferta rara devido à malha ferroviária limitada.

Uma decisão entre transporte marítimo e aéreo parece simples, em especial se forem levadas em conta a falta de disponibilidade de outros modais e a tarifa de frete. De fato, é necessária a comparação dos custos logísticos totais de cada sistema de distribuição. Pode-se até considerar, segundo Albaum, Strandskov e Duerr (1998), que os grandes embarques de mercadorias de elevado valor e baixo peso, como componentes eletrônicos e produtos farmacêuticos, devido ao custo do estoque durante o período de trânsito, tornam-se mais econômicos com a utilização do transporte aéreo, em virtude do curto período de trânsito e, portanto, do baixo custo de estoque em trânsito.

A cotação do frete internacional entre dois países para qualquer meio de transporte é negociada pelo exportador ou pelo importador com os agentes de carga e os embarcadores que atuam no varejo – com base no custo por tonelada ou metro cúbico –, pelo valor mais elevado resultante. Há duas formas de pagamento do frete relativo ao transporte internacional: **frete pré-pago** (*freight prepaid, carriage prepaid*) e **frete a cobrar** (*freight prepaid, carriage collect*).

Quadro 6.1 – Responsabilidades pelas despesas incluídas no preço, segundo os Incoterms 2010

INCO-TERMS	Transporte pré-embarque			Despacho de exportação	Transporte principal			Transporte pós-embarque			Seguro da carga	Despacho de importação	Tributos na importação
	Carga	Trajeto	Descarga		Carga	Trajeto	Descarga	Carga	Trajeto	Descarga			
EXW	C	C	C	C	C	C	C	C	C	C	C	C	C
FCA	V	C	C	V	C	C	C	C	C	C	C	C	C
FAS	V	V	V	V	C	C	C	C	C	C	C	C	C
FOB	V	V	V	V	V	C	C	C	C	C	C	C	C
CFR	V	V	V	V	V	V	C	C	C	C	C	C	C
CIF	V	V	V	V	V	V	C	C	C	C	V	C	C
CPT	V	V	V	V	V	V	V	V	C	C	C	C	C
CIP	V	V	V	V	V	V	V	V	C	C	V	C	C
DAT	V	V	V	V	V	V	C	C	C	C	C	C	C
DAP	V	V	V	V	V	V	V	C	C	C	C	C	C
DDP	V	V	V	V	V	V	V	V	V	C	C	V	V

Legenda: C – comprador; V – vendedor.

Para saber mais

GOEBEL, D. A competitividade externa e a logística doméstica. In: PINHEIRO, A. C.; MARKWALD, R.; PEREIRA, L. V. (Org.). *O desafio das exportações*. Rio de Janeiro: BNDES, 2002. p. 283-365. Disponível em: <http://www.bndes.gov.br/SiteBNDES/export/sites/default/bndes_pt/Galerias/Arquivos/conhecimento/livro_desafio/Relatorio-08.pdf>. Acesso em: 23 jan. 2013.

No oitavo capítulo desse livro, o autor aborda a importância da logística para o comércio internacional e analisa a infraestrutura dos transportes brasileiros com ênfase na questão portuária, os aspectos institucionais que envolvem a logística brasileira, o quadro geral dos custos portuários, a informatização das atividades associadas às exportações no campo logístico, além dos resultados referentes ao tema de logística obtidos na pesquisa de campo realizada pelo autor.

SANTOS JÚNIOR, P. *Termos internacionais comerciais*: guia prático sem mistérios para as operações de comércio exterior – Incoterms 2010. Rio de Janeiro: ICC Brasil, 2010.

A Câmara de Comércio Internacional de Paris regulamentou pela primeira vez os termos comerciais internacionais (Incoterms) em 1936, definindo nove condições de entrega. Esses termos foram revisados em 1953, 1967, 1976 e 1980, quando chegou a 14 definições. A partir de então, a cada 10 anos apresenta uma nova versão, estando em vigor desde 1º de janeiro de 2011 com a oitava revisão – Incoterms 2010. Para saber mais sobre esses novos termos de entrega para embarques internacionais, consulte essa obra de Santos Júnior.

STERN, L. et al. *Canais de marketing e distribuição*. 6. ed. Porto Alegre: Bookman, 2002.

Trate-se de uma obra didática, com informações teóricas e práticas a respeito de canais de marketing, grupo de organizações responsável por levar produtos e serviços do local de produção até o local de consumo. Apresenta soluções para qualquer canal de distribuição, aplicável a qualquer produto ou serviço, em qualquer mercado, com uma variedade de exemplos que reforçam a generalidade dos princípios apresentados.

Síntese

Neste capítulo, destacamos o conceito e a importância da distribuição física de mercadorias. Enfatizamos também o fato de que, enquanto os avanços na tecnologia de informação e de comunicação possibilitaram a comercialização e o pagamento das transações em prazos de segundos, a logística dos transportes não evoluiu a tal ponto que permita a entrega das mercadorias em prazos tão breves – razão pela qual os portais de *e-commerce* mantêm parcerias operacionais com as empresas de entrega expressa, em todos os continentes, visando à obtenção de vantagem competitiva na entrega. E esses são fatores importantes no marketing internacional! Como demonstramos, a distribuição é uma variável estratégica do composto de marketing das empresas, de longo prazo, representada pelo P de praça, e que se reveste de singular importância para os resultados, subsistência e desenvolvimento da empresa, de seus produtos e marcas no mercado. **Na concepção moderna da comercialização, essa variável abrange os canais de distribuição e a distribuição** física. Nesse cenário, procuramos identificar com clareza vários conceitos e procedimentos para que você possa compreendê-lo e atuar nessa área.

Desse modo, vimos que o **canal de distribuição** é uma sequência ordenada de instituições que tornam possível a transferência do produto desde o fabricante até o usuário ou consumidor final. Os canais indicam a quantidade de intermediários e as funções que eles cumprem, que cobrem a lacuna de tempo e a distância entre o produtor e o consumidor final. Além disso, os canais de distribuição nos mercados externos são as rotas, os circuitos ou as vias de intermediação por meio dos quais o produto circulará no mercado de destino até chegar ao cliente final.

A **distribuição física** compreende a análise das atividades, dos custos, dos tempos e da qualidade dos serviços necessários para efetuar o traslado físico dos bens desde o local de sua produção até o consumidor ou usuário final. Já a **distribuição física internacional** (DFI) é definida como o conjunto de operações que devem ser realizadas para o deslocamento do produto desde o estabelecimento de sua produção localizado no país de origem ou de exportação até o estabelecimento do importador no país de destino. Essas operações requerem uma execução sequencial denominada *cadeia de DFI*, com uma duração total conhecida como "tempo em trânsito" (*transit time*), que implica custos, tempos e qualidade dos serviços para o cumprimento no tempo certo e com qualidade total da entrega.

Portanto, os canais de distribuição e a DFI constituem um sistema de intermediação comercial para os mercados externos. A logística comercial internacional é encarregada de integrar as funções de produção, comercialização e distribuição física para a gestão estratégica dos produtos, desde os fornecedores, passando pelas empresas, até chegar ao consumidor ou usuário final.

Questões para revisão

1. A empresa Indústria Mecânica ABC Ltda., de São Bernardo do Campo (SP), está negociando a exportação de um lote de peças para automóveis de sua fabricação para um cliente de Santiago, no Chile. O cliente solicitou a cotação de preço das mercadorias para transporte marítimo com o frete internacional incluído na cotação. Considerando-se que os portos de Santos e Valparaíso serão usados, respectivamente, para embarque e destino das mercadorias, o Incoterm 2010 aplicável à transação é:

   a. FCA Santos.
   b. CPT Valparaíso.
   c. FOB Santos.
   d. CFR Valparaíso.
   e. DDP Santiago.

2. O gerente de marketing internacional da Indústria de Móveis do Brasil Ltda., de São Paulo (SP) – tradicional exportadora para clientes da América Latina –, negocia uma exportação de um lote de salas de jantar com a empresa Portico S.A., distribuidora localizada em Guadalajara (México). O gerente de compras da empresa mexicana solicitou cotação de preço segundo o Incoterm CIF. Com base nos dados a seguir,

obtidos com os prestadores de serviços logísticos consultados, identifique a alternativa correta para a cotação solicitada:
» Preço de fábrica das mercadorias acondicionadas em três contêineres: US$ 64.400,00.
» Despesas de despacho aduaneiro de exportação (incluindo despachante): US$ 800,00.
» Despesas de transporte e seguro de São Paulo ao Porto de Santos: US$ 600,00.
» Despesas de carregamento e estiva a bordo do navio designado em Santos: US$ 200,00.
» Frete marítimo internacional de Santos a Manzanillo: US$ 6.000,00.
» Seguro de transporte de carga: US$ 1.000,00.
» Despesa de transporte rodoviário de Manzanillo a Guadalajara: US$ 600,00.
» Despesas de despacho aduaneiro de importação (incluindo despachante): US$ 800,00.
a. O preço CIF Manzanillo é US$ 72.000,00.
b. O preço CIF Guadalajara é US$ 72.000,00.
c. O preço CIF Manzanillo é US$ 73.000,00.
d. O preço CIF Guadalajara é US$ 73.000,00.
e. O preço CIF Santos é US$ 66.000,00.

3. Resolvido a gerenciar a contratação do frete marítimo internacional, o seguro de transporte e outras despesas logísticas, o gerente de compras da empresa mexicana voltou atrás em relação à cotação de preço das mercadorias e solicitou a definição do preço sem a inclusão do frete marítimo e do

seguro de transporte marítimo internacional. Assim, assinale a alternativa correta:

a. O preço FOB Santos é US$ 66.000,00.
b. O preço FCA Santos é US$ 65.000,00.
c. O preço FOB Santos é US$ 65.000,00.
d. O preço FAS Santos é US$ 66.000,00.
e. O preço EXW Santos é US$ 65.000,00.

4. Assinale a alternativa **incorreta** em relação aos principais objetivos dos canais de distribuição internacional e justifique sua resposta:

a. Cobertura de mercado ou área de vendas.
b. Financiamento das compras dos clientes de sua área de vendas.
c. Atendimento rápido aos pedidos dos clientes, em especial na entrega.
d. Conservação do produto e manutenção de suas propriedades originais.
e. Atendimento de serviços de pós-venda, como garantia, manutenção e assistência técnica.

5. A empresa Indústria Mecânica ABC Ltda., de São Bernardo do Campo (SP), está planejando a expansão das exportações por meio da conquista de três novos mercados: (A) Venezuela, com problemas de remessas de divisas para liquidar as transações; (B) Bolívia, sem saída para o mar e

com infraestrutura precaríssima; (C) Costa Rica, que não apresenta problemas logísticos nem de remessas cambiais. Para atingir esse objetivo e considerando as condições desses três mercados, o gerente de marketing internacional sugeriu à diretoria que usassem canais diferentes, entre os seguintes, para cada caso: (1) exportação direta ao distribuidor; (2) vendas pela internet e recebimento por cartão de crédito; (3) venda à comercial exportadora de confiança da empresa. Assinale a alternativa que corresponde à solução mais adequada para a situação apresentada, combinando um modo de distribuição com somente um país, e justifique a escolha:

a. A-1, B-2 e C-3.
b. A-2, B-1 e C-3.
c. A-2, B-3 e C-1.
d. A-1, B-3 e C-2.
e. B-2, A-1 e C-3.

para concluir...

A internacionalização das empresas nacionais é um empreendimento relevante e um grande desafio da agenda de desenvolvimento de qualquer nação, qualquer que seja o seu tamanho, a sua localização, a sua ideologia ou o seu sistema de governo. Esse processo envolve políticas de apoio dos governos federais, estaduais e municipais; esforços coletivos das associações de classes empresariais e iniciativas individuais e – muitas vezes – solitárias das empresas das grandes cidades e do interior, que precisam expandir-se para sobreviver à acirrada concorrência global.

Infraestrutura satisfatória, política cambial realista, incentivos fiscais, mecanismos de financiamentos, garantias e informações são algumas das ações governamentais que favorecem o aumento das exportações. Já a divulgação dos mecanismos de defesa econômica, a negociação de acordos comerciais regionais, o planejamento de missões comerciais e a divulgação de oportunidades comerciais são algumas medidas a cargo das associações comerciais, das federações industriais e das câmaras de comércio espalhadas por todo o país.

Por fim, mas não menos importantes, há os esforços das empresas, individualmente e de forma cooperativa, por meio da formação de consórcios de exportação e da capacitação contínua de seus profissionais, a quem dedicamos este trabalho.

A conjugação dessas iniciativas, o comprometimento dessas lideranças e a solidariedade desses espíritos têm possibilitado, a cada ano, a conquista de mais espaço em todos os continentes para a marca *Brasil*. As exportações passaram de US$ 31,6 bilhões, em 1991, para US$ 58,2 bilhões, em 2001, e daí para US$ 256 bilhões, em 2011, enquanto o fluxo de comércio, que lhes adiciona as importações, passou de US$ 52,7 bilhões, em 1991, para US$ 113,9 bilhões, em 2001, e depois para US$ 482,3 bilhões, em 2011. Isso representa um aumento médio anual, nas duas últimas décadas, de 6,3% e 16% nas exportações e de 8% e 15,5% no fluxo de comércio, respectivamente, desempenhos antes só obtidos pelas nações do Sudeste Asiático e, particularmente, pela poderosa China.

Não há tempo para comemorar, temos de seguir lutando em todas as trincheiras geográficas, políticas e comerciais para, por meio desse caminho, incrementar a geração de empregos para mantê-la em nível compatível com a formação de novos profissionais de todas as regiões do país.

referências

ADUANEIRAS. Disponível em: <http://www.aduaneiras.com.br>. Acesso em: 16 jan. 2013.

ALBAUM, G.; STRANDSKOV, J.; DUERR, E. *International Marketing and Export Management*. 3. ed. Pennsylvania: Addison-Wesley Longman, 1998.

AMA – American Marketing Association. *Definition of Marketing*. Disponível em: <http://www.marketingpower.com/AboutAMA/Pages/efinitionofMarketing.aspx>. Acesso em: 16 jan. 2013.

AVARO, R. D. *Estrategias de inserción y comercialización internacional*. Buenos Aires: Lacasarosada, 2001.

BRASIL. Decreto-Lei n. 1.248, de 29 de novembro de 1972. *Diário Oficial da União*, Poder Executivo, Brasília, 30 nov. 1972. Disponível em: <http://www3.dataprev.gov.br/sislex/paginas/24/1972/1248.htm>. Acesso em: 23 jan. 2013.

BRASIL. Lei n. 9.611, de 19 de fevereiro de 1998. *Diário Oficial da União*, Poder Legislativo, Brasília, 22 fev. 1998. Disponível em: <http://www.planalto.gov.br/ccivil_03/Leis/L9611.htm>. Acesso em: 23 jan. 2013.

BRASIL. Ministério do Desenvolvimento, Indústria e Comércio Exterior. *Aliceweb*. Disponível em: <http://aliceweb.desenvolvimento.gov.br>. Acesso em: 2 maio 2012a.

BRASIL. Ministério do Desenvolvimento, Indústria e Comércio Exterior. Incoterms. *Portal Brasileiro de Comércio Exterior*. Disponível em: <http://www.comexbrasil.gov.br/conteudo/ver/chave/incoterms/menu/192>. Acesso em: 21 maio 2012b.

BRASIL. Ministério do Desenvolvimento, Indústria e Comércio Exterior. Resolução n. 20, de 7 de abril de 2011. *Diário Oficial da União*, Brasília, 8 abr. 2011. Disponível em: <http://www.mdic.gov.br/arquivos/dwnl_1311714524.pdf>. Acesso em: 23 jan. 2013.

CARVALHO, P. de B. *Curso de direito tributário*. 24. ed. São Paulo: Ed. Saraiva, 2012.

CASTRO, J. A. de. *Exportação*: aspectos práticos e operacionais. 6. ed. São Paulo: Livro Técnico, 2005.

CATEORA, P. R.; GRAHAM, J. L. *Marketing internacional*. 10. ed. São Paulo: LTC, 2001.

CIA – Central Intelligence Agency. *World Factbook*. Disponível em: <https://www.cia.gov/library/publications/the-world-factbook>. Acesso em: 16 jan. 2013.

CRUZ, R. G. *Marketing internacional*. 4. ed. Madri: Esic Editorial, 2002.

CZINKOTA, M. R.; RONKAINEN, I. A. *Marketing internacional*. 8. ed. São Paulo: Cengage, 2008.

DERESKY, H. *Administração global*: estratégica e interpessoal. Porto Alegre: Bookman, 2004.

DOLAN, R. J.; SIMON, H. *O poder dos preços*: as melhores estratégias para ter lucro. São Paulo: Futura, 1998.

DOUGLAS, S. P.; CRAIG, C. S. *Global Marketing Strategy*. New York: McGraw-Hill, 1995.

FERRARO, G. P. *The Cultural Dimension of International Business*. 2. ed. New Jersey: Pearson Prentice Hall, 1994.

GODINHO, W. B. *Gestão de materiais e logística*. Curitiba: Ibpex, 2005.

ICC – International Chamber of Commerce. *The New Incoterms® 2010 Rules*. Disponível em: <http://www.iccwbo.org/incoterms>. Acesso em: 16 jan. 2013.

INTERBRAND. *2012 Ranking of the Top 100 Brands*. Disponível em: <http://www.interbrand.com/pt/best-global-brands/2012/Best-Global-Brands-2012-Brand-View.aspx>. Acesso em: 22 jan. 2013.

KEEGAN, W. J. *Marketing global*. 7. ed. São Paulo: Pearson Prentice Hall, 2006.

KEEGAN, W. J.; GREEN, M. C. *Princípios de marketing global*. São Paulo: Saraiva, 2000.

KOTABE, M.; HELSEN, K. *Administração de marketing global*. São Paulo: Atlas, 2000.

KOTLER, P. *Administração de marketing*: análise, planejamento, implementação e controle. 2. ed. São Paulo: Pearson Prentice Hall, 2004.

_____. *Marketing essencial*: conceitos, estratégias e casos. 2. ed. São Paulo: Pearson Prentice Hall, 2004.

LAMBERT, D. M.; STOCK, J. R. *Administração estratégica da logística*. São Paulo: Valentine Consultoria, 1998.

McCARTHY, E. J.; PERREAULT JUNIOR, W. D. *Marketing essencial*: uma abordagem gerencial e global. São Paulo: Atlas, 1997.

PINHEIRO, A. C.; MARKWALD, R.; PEREIRA, L. V. (Org). *O desafio das exportações*. Rio de Janeiro: BNDES, 2002. Disponível em: <http://www.bndes.gov.br/SiteBNDES/bndes/bndes_pt/Institucional/Publicacoes/Paginas/livro_desafioexp.html>. Acesso em: 16 jan. 2013.

RICHERS, R. *O que é marketing*. 15. ed. São Paulo: Brasiliense, 1981. (Coleção Primeiros Passos, n. 27). Disponível em: <http://pt.scribd.com/doc/52507938/Raimar-Richers-O-que-e-Marketing-Colecao-Primeiros-Passos-27-pdf-rev-WwW-LivrosGratis-net->. Acesso em: 21 jan. 2013.

SANTOS JÚNIOR, P. *Termos internacionais comerciais*: guia prático sem mistérios para as operações de comércio exterior – Incoterms 2010. Rio de Janeiro: ICC Brasil, 2010.

UNDP – United Nations Development Programme. Disponível em: <http://undp.org>. Acesso em: 16 jan. 2013.

respostas

capítulo 1

1. d
2. c
3. c
4. Não, pois a demanda de um produto pode ser maior ou menor, dependendo do ambiente mercadológico.
5. Considerando-se os efeitos que produzem sobre a compreensão das discussões, é possível citar os valores, os comportamentos e os modos de pensamento.

capítulo 2

1. Os mercados mais indicados para os produtos em questão são: automóveis – Chile (tamanho e poder aquisitivo médio, baixo custo de frete e sem concorrência local); perfumes – Chile (poder aquisitivo médio e baixo custo de frete aéreo); fogões a gás – Costa Rica (poder aquisitivo médio, sem concorrência local); biquínis de alto luxo – Bélgica (elevado poder aquisitivo).
2. O mercado mais indicado para armas de fogo é Israel, devido ao ambiente social, que requer um artefato de defesa pessoal, e do alto poder aquisitivo da população. Para os aviões, devido aos elevados gastos com defesa, o mercado indicado também é Israel.
3. a
4. c

5. Considerando-se a dimensão do mercado (população), o turismo receptivo, a taxa de crescimento, a redução no frete internacional e a tarifa de importação, o mercado mais indicado é o da Argentina.

capítulo 3

1. Em primeiro lugar, aumentar em pelo menos um número os tamanhos na linha e, depois, variar a combinação de tamanhos das duas peças. A justificativa é que as mulheres estadunidenses são distintas por terem naturalmente seios mais fartos e glúteos menos cheios que as mulheres brasileiras. Os tamanhos de roupas variam de 32 a 42 – referência da medida do busto em polegadas –, portanto, de 81 cm a 107 cm; no quadril, esses mesmos tamanhos correspondem de 35 a 45 polegadas, portanto, de 89 a 114 cm.
2. Em relação aos modelos, adotar o modelo "retrô" e o "tomara que caia" como base da linha de produtos. Em relação aos tamanhos, acrescentar mais três ou quatro tamanhos em relação à linha brasileira, que é de 36 a 44; portanto, incluindo os números 46, 48, 50 e/ou 52 no catálogo.
3. c
4. c
5. e

capítulo 4

1. IPI, ICMS, PIS/Pasep e Cofins (incentivo fiscal: isenção), despesas de cobrança bancária, despesas de comunicação com filiais, comissão de vendedores (despesas exclusivas do mercado doméstico).
2. despesas com documentos, despesas com formalidades

de exportação, despesas de carregamento no navio, transporte até o porto de embarque (despesas exclusivas de exportação, incluídas no preço FOB).
3. d
4. d
5. b

capítulo 5
1. b
2. c
3. b
4. Internet, redes sociais e rádios FM, por serem as mídias mais adequadas ao produto (público jovem e baixo custo de produção e veiculação).
5. Adaptar a comunicação do produto em língua espanhola, por ser a menos onerosa.

capítulo 6
1. d
2. a
3. c
4. b
A justificativa é que há instituições financeiras que absorvem essa função em forma de parceria com o canal.
5. c
A justificativa é: (A) pagamento com cartão de crédito é antecipado, portanto, sem risco, ideal para mercados com dificuldades de remessa; (B) a transferência da responsabilidade de entrega é a maneira recomendada para lidar com mercados de infraestrutura precária; (C) exportação direta é a estratégia ideal para mercados sem problemas.

sobre a autora

Ana Flávia Pigozzo é bacharel em Administração de Empresas, com habilitação em Comércio Exterior, pela Universidade Federal do Paraná (UFPR); especialista em Direito da Integração e do Comércio Internacional pela Universidade Estadual de Londrina (UEL) e em Comércio Exterior, com ênfase em empresas de pequeno porte, pela Universidade Católica de Brasília (UCB). É pós-graduada em Comunicação Internacional e Negócios com a América Latina pela Universidade Pompeu Fabra, de Barcelona (Espanha), mestre em Engenharia da Produção pela Universidade Federal de Santa Catarina (UFSC) e doutoranda em Administração pela UFPR.

É sócia-fundadora e diretora executiva das empresas Conexão Assessoria em Comércio Exterior e LTA Consultoria e Assessoria

Tributária e Aduaneira, consultora e instrutora de comércio exterior, credenciada pelo Serviço Brasileiro de Apoio às Micro e Pequenas Empresas do Paraná (Sebrae-PR) e despachante aduaneira desde 2001. Organizou e integrou diversas rodadas de negócios e missões comerciais internacionais. Foi representante do Projeto Redeagentes – do Ministério do Desenvolvimento, Indústria e Comércio Exterior (MDIC) – no Estado do Paraná e coordenadora do curso de graduação e pós-graduação em Comércio Internacional do Centro Universitário Uninter.

Os papéis utilizados neste livro, certificados por instituições ambientais competentes, são recicláveis, provenientes de fontes renováveis e, portanto, um meio **responsável** e natural de informação e conhecimento.

FSC
www.fsc.org
MISTO
Papel | Apoiando o manejo florestal responsável
FSC® C103535

Impressão: Reproset